JN071971

この世が最高に楽しくなるあの世のレッスン

斎藤一人

ひとり

SB Creative

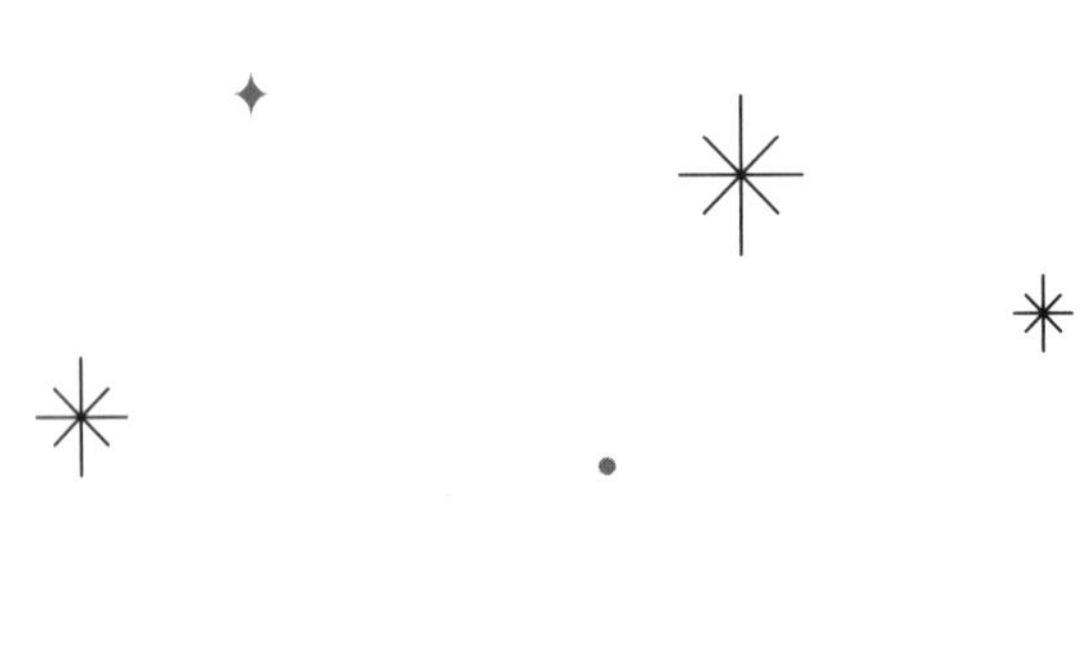

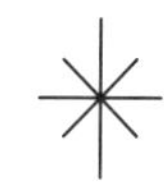

はじめに

みなさん、こんにちは。

一人さんこと、斎藤一人です。

この本では、「命の話」「命のしくみ」をみなさんにお伝えしたいと思っています。


まずは、ちょっと不思議な話もするので、信じてくれる人だけが信じてくださいね。

一人さんは、幼稚園の頃から小学3年生ぐらいまでの間に、何度も「白い光の玉」を見ていたんだ。

この白い光の玉は、一人さんが何か疑問をもつと、一人さんのところへやって来るの。

「生き物はなぜ死ぬのかな？」

「死んだらどこへいくんだろう」

「幸せってどんなことを言うんだろう」

「幸せになるためには何が必要なんだろう」

布団に入って、モヤモヤしていると、真っ白い光がすーっと近づいてきて、いきなりオレを包み込んじゃうの。

すると、今まで疑問に思っていたことの答えが、なぜかスッキリわかっちゃうんだ。

一人さんはこの白い光の玉は、神様なんだって思っている。

この白い光の玉のおかげで、
「自分を愛して、大事にしなきゃいけない」とか、
「我慢しないで楽しく遊ばなきゃいけない」とか、
「人に親切にすると魂は輝く」とか、
人生の基盤になることはすべて教わることができたんだ。

そして、一番の疑問だった「命の法則」も知ることになったの。

人の命って、どんなに長くても100年くらい。そう思っている人がいるけれど、実は「人の魂は永遠」ということ。

もちろん、肉体は老いて、滅びる。今の姿かたちは

なくなる。けれど、魂は生き続ける。

生まれ変わりも1回や2回じゃない、何千回何万回と生まれ変わるんだ。


今、この人生も何万回のうちの1回と言えるね。

「何千回何万回と生まれ変わる」

それを知っておくと、生き方も変わってくる。

どう変わるか、それをこの本の中で知ってもらえたらうれしいです。


さあ、魂の授業が始まります。

本書を読む前のお願い

✦

私は自分のことを尊敬し、大切にしています。そのため、自分のことを「一人さん」と「さん」付けで呼んでいます。本書を読むときに、ご注意ください。

✦

本書には「神様」という言葉が出てきますが、ここでは私たちの命を創造した「大いなるエネルギー」を示しています。特定の宗教の神様ではないので、そのことをお伝えしておきますね。

この世が最高に楽しくなるあの世のレッスン　もくじ

Chapter 1 この世に命が生まれる意味
この世を最高に楽しむためだよ

Chapter 2 死への思いを変換する
「死んだら終わり」じゃないいんだよ

おしえて一人さん お悩み相談

Chapter 3
あなたの魂が最高に輝く生き方
「魂の秘密」を教えよう

Chapter 4
「あの世」と「この世」
ちょっと不思議な「あの世」の話をしよう

Chapter 5 次の世代へつなぐもの

「愛」を伝えること、それだけだよ

Chapter 6 あなたの人生は最高にうまくいく 「だんだん良くなる未来は明るい」

Chapter 1

この世に命が生まれる意味

この世を
最高に楽しむためだよ

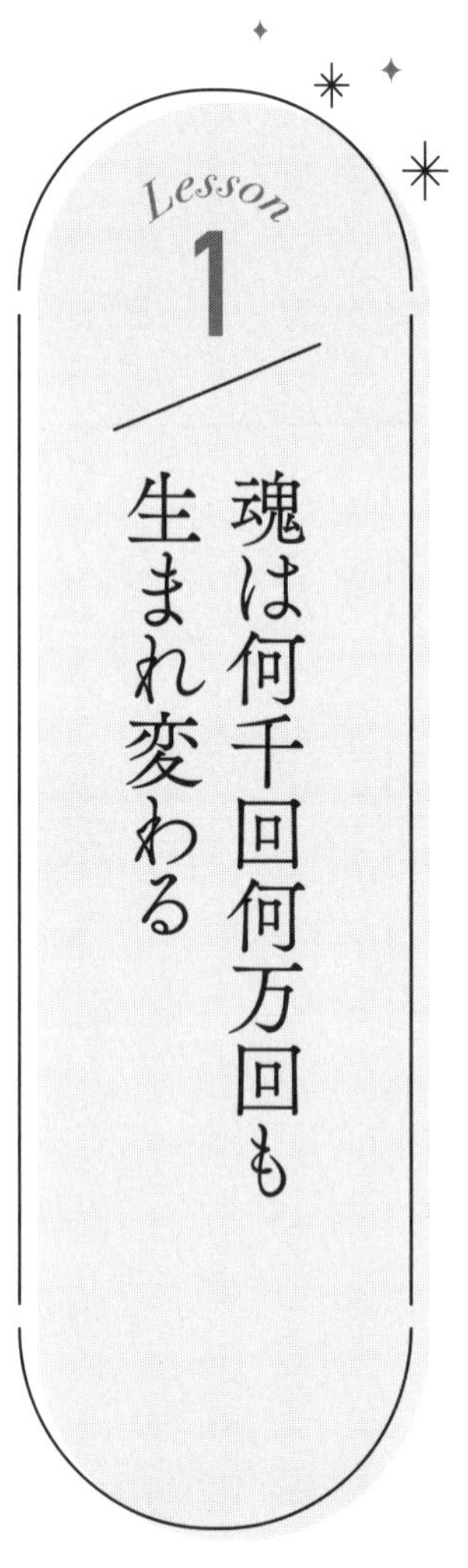

Lesson 1 魂は何千回何万回も生まれ変わる

命の話をする前に、一人さんの考えを伝えておくね。「はじめに」でも書いたけど、一人さんは「人の魂は死なない」と思っているんだ。

人間って、肉体と魂、この2つで形成されているよね。心で感じるものが魂で、それを行動に移すのが肉体。この両輪があってこそ、自分なんだ。

もちろん、肉体は機械と同じで、年月が経てばいつか滅びて亡くなる。肉体が亡くなることは一般的には「死」を意味している。

でもね、人間は肉体が亡くなっても、魂は生き続けるの。これは、信じる人だけが信じてもらえればいいのだけど、一人さんはそう思っているの。そして、魂は常に生まれ変わるんです。

しかも、何千回も何万回も生まれ変わるんだ。

いいかい、1回や2回じゃないよ。何千回も何万回もこの地球に来て、また天に帰っていく。永遠にね。

その中で早く死ぬときもあれば、長生きするときもある。短いときは短くなきゃ得られない学びがあり、長い人生には長いなりの学びがあるんだ。中には他の星に生まれる魂もいる。

神様がそういうふうに作ってくださったんだ。

そうだ、断っておくと、一人さんの本には「神様」って言葉がよく出てくるの。この神様は宗教の教祖様ではないよ。森羅万象を作ってくれた創造主のことを神様と呼んでいる。そこのところは間違えないでおいてくださいね。

この創造主である神様は、必要のない人間なんて作らない。どこまでも寛容なんだよ。すべての人を、常に応援し、見守ってくださっている、深い愛の存在なんだ。

そもそも、私たち人間は、神の分御霊（わけみたま）をいただいた分身なんだ。だから、すでにみんな神そのものなんだよ。

なのに、自分を卑下（ひげ）したり、粗末にしたりする人が多すぎるんだ。嫌みを言われても我慢したり、やりたいことがあるのに人目を気にしてあきらめてやらなかったり。

神の分身である自分が素晴らしい存在であること、そして自分だけでなく周りのみんなも神様なんだってわかることが大事だと言えるね。

そのことに少しずつ気づいていくのが人生だよね。失敗したり、病気をしたり、つらい思いをして、経験しながら気づけばいいんだ。

今、気づけなかった人でも大丈夫だよ。来世もあるし、再来世もある。何万回も生まれ変わるんだから、焦る必要はないよ。

時間は永遠にあるから、どこかの命で必ず気づくことができるようになっているからね。

スピリチュアル好きの人たちの中では「アセンション（地球や人類が次元上昇すること）」という現象についてしばしば語られていて、一部では「ある期限までにアセンションできない人は取り残される」とも言われているそうだ。

だとすると、「もう時間がない」って焦る人もいるみたいだけど、これも間違い。神様が、私たちに分け隔てをしたり、期限を設けたりするはずがないんだよ。

今世でも来世でもいい。安心して、自分のペースで魂を成長させていけばいいんです。

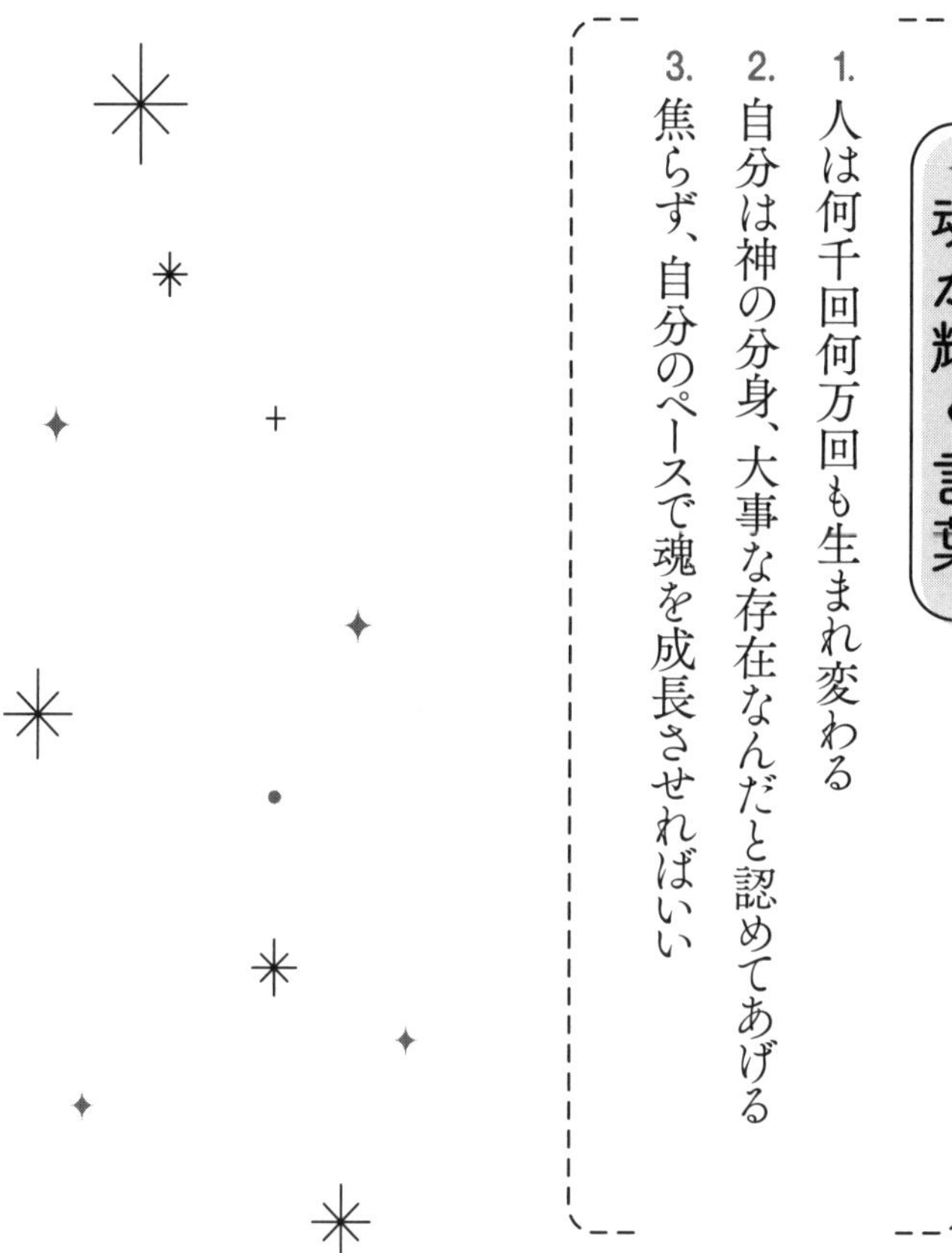

魂が輝く言葉

1. 人は何千回何万回も生まれ変わる
2. 自分は神の分身、大事な存在なんだと認めてあげる
3. 焦らず、自分のペースで魂を成長させればいい

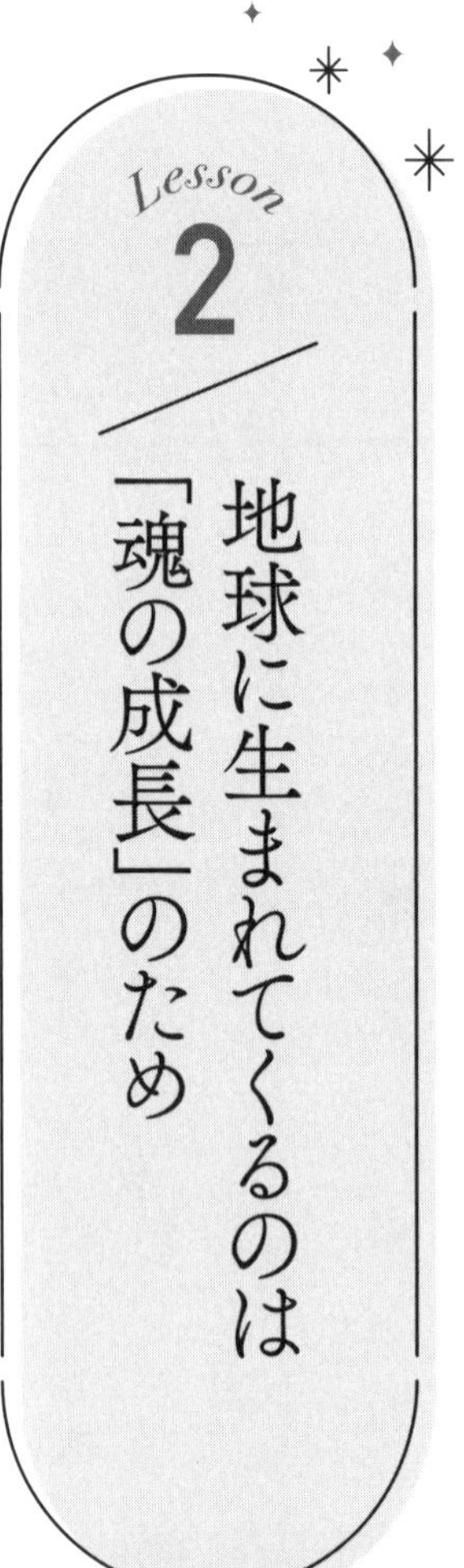

Lesson 2 地球に生まれてくるのは「魂の成長」のため

何千回何万回も輪廻するのは、何のためなのか？

先ほど言ったように、自分が神様と同じ崇高な存在だとわかるためなんだけど、それだけではないんだ。

魂は地球でいろんな「経験」をしたいと思っているの。地球は天と違って、ものすごく刺激的なんだよ。美味しいものにあふれていて、遊びもたくさんある。お金儲けもできるし、おしゃれもできるし、何より恋もできるしね（笑）。

「経験」することで、どうなるのかというと、経験したことでたくさんのことが学べるの。

海外に行って知らない場所で暮らせば、その土地のことが学べる。言葉が通じなくても親切な人がいることが学べるんだ。だけど、ひったくりに遭って、どの国にも悪い人がいるんだということも学べるんだね。

会社に行くことだって、経験だよね。毎日同じことの繰り返しだと思っているだろうけど、同じ毎日などないからね。イヤな上司とも出会うし、いいお客さんとも出会う。何かを魂で感じて、いろんな学びがあるんだ。

何もしていない人なんていないから、人は日々学んでいるんです。

引きこもっている人だって、学びはあるの。世の中に取り残されるつらさを学び、親への反発心を学ぶ。何もしない退屈さを学ぶこともあるだろうし、こもってゲームや漫画に夢中になり好きなことを見つけることもあるだろう。

生きているだけで、たくさんの経験をするし、すべては学びなんです。何千回何万回と生まれ変わるから、今世はそんな人生だったと思えばいいの。

その中で、一人さんはどんな生き方をしたいかと言えば、とにかく「楽しく生きたい」と思っているんだ。神様は楽しく生きた人を褒めてくれるからね。

今、死んでも後悔はないよね。何千回も何万回も生まれ変わるからね。一人さんがやることは、毎日を楽しく生きることだけなんだ。

人生は1回だけと思うから、後悔が生まれるんだよ。やり残したことは、次の人生で経験すればいい。

「死んだとき、何を残せたら、天が喜ぶのですか」と聞かれたけど、人によって、それぞれ違うからね、答えは1つではないんだ。答えが1つなら、何千回何万回も生まれ変わる必要がないからね。

ただね、一番に学んでほしいのは、「愛」を知ることです。

人って、人以外には生まれ変わらないの。

よく動物とか植物に生まれ変わるという話もあるけど、それは違う。人は人にしか生まれ変わらない。なぜなら「愛すること」を知っているからなんだ。

何千回何万回と生まれ変わりながら、本当の愛を学ぶ。自分への愛、そして人への愛を学ぶんだよ。

魂が輝く言葉

4. 魂を成長させるために経験をすることが大事
5. 楽しく生きれば、神様から○(マル)をもらえる
6. 経験を通して「自分への愛」「人への愛」を学ぶ

Lesson 3

魂はある程度の物語を書いて生まれてくる

地上に魂が降りていく前に、天の上で、魂はある程度の人生のシナリオを書いているんだ。

「アイドルになって大勢の人の前で脚光を浴びたい」

「お母さんを喜ばせるような立派な大人になる」

「次は波乱万丈な人生を体験してみたい」とかね。

簡単なシナリオの場合もあれば、事細かに詳しく書く魂もあるようだ。

歌舞伎役者になりたいなら、歌舞伎の家を選んだり、ピアニストになりたいと思ったら、ピアノのある家を選んだり、一代で起業したいと思う人は、少し苦労するため経済的に厳しい家に生まれたりすることもあるよ。

一時、「親ガチャ」って言葉が流行っていたよね。生まれてくる子どもは親を選べないという意味だそうだけど、一人さんはそうは思わないよ。

実は、子どものほうが親を選んでいるということなんだ。

ただね、シナリオを書かないで地球に来る魂もあるし、途中で方向転換する魂もある。地球に降りてきて、もっと違う道に進みたいと、親に反発する生き方を選ぶ魂もある。

そして、今世の命の期限も、神様と決めてくるようだ。だけど、地球に来たら「もっとここにいたい」って命の期限を変えて、延長することもできるんだ。

とにかく魂は、自由なんだ。いろんな経験をして成長しようと、ワクワクして地球に生まれてくるの。

ワクワクドキドキしながら生まれてくる子どもが、生きづらくなっちゃうのは、未熟な親や周りの大人たちに、コントロールされちゃうからだよね。

「人に迷惑かけちゃいけない」「騒がないでおとなしくしていなさい」「きちんとしなさい」「それはダメ、あれはダメ」「勉強しなさい」って、命令されて、やりたいことを抑えられてしまうと、子どもはそのままの自分を見失っちゃうんだ。

親は、子どもを愛して可愛がって、信頼するだけでいいんだ。もちろん、危険なことは注意する必要はあるよ。だけど親がすることは、子どもがやりたいこと、思い描いていることを経験させてあげることなんだ。

もし、自分が自由に育ててもらえていなかったら、今からでも間に合うよ。今からあなたが自由に生きることだよ。

そして、あなたが親ならば、子どもを自由にしてあげな。

だけど、もう安心していいよ。未熟な親が多かったのは今までのこと。

これからの魂は、何万回も生まれ変わっていろいろ学んで生まれてくるんだ。今生まれた子どもは、自分の意見も言えるし、自分を尊重していいことも知っている。親の押し付けが正しくないことも、もっと楽しく生きていいこともわかって生まれてくるはずだ。

それに、親の魂も成長しているからね、子どもを信頼して育てる人が増えているよ。

よく考えてみてほしい。日本の歴史を見ても、昔は国や親の命令は絶対だったし、上司の理不尽な意見にも従わなくちゃいけなかった。女性蔑視も甚だしかった。でも、今はパワハラやセクハラなんて言葉ができて、こうした行為も処分されるようになってきたよね。世の中、だんだん良くなっているんです。

こう考えてみると、未来は明るいだろ?

魂が輝く言葉

7. 天で魂は人生のシナリオを決めるが、地球に来たら途中変更もできる
8. 親にコントロールされるから子どもは生きづらくなる
9. これからは、今まで以上に成長した魂をもつ子どもが生まれてくる

Lesson 4

地球に来たら、思いきり楽しむ

魂が天に帰るとね、神様から聞かれる2つの質問があるんだ。

1つ目は、「あなたはこの人生を楽しみましたか」

そして2つ目は「あなたは人に親切にしましたか」

要するに、神様はこの地球でこの2つを経験してもらいたいんだよね。

自分を楽しませるために何をしたのか、自分が好きなことをどれだけできたかが、天に帰ると重要なんだ。

これは自分への「愛」とも言えるよね。

そして、2問目の「人に親切にしたかどうか」は、どれだけ人へ愛を注いだかということ。

ただし、「愛」って自分を犠牲にしてまで出すものじゃないんだ。だから、まずは自分を愛することだよね。


もっと自分を甘やかして、ダメな自分も、ちょっとズルい自分も許してあげることだね。自分の気持ちを大事にしていくと、他人にコントロールされなくなるし、我慢もしなくなるの。ありのままの自分に気づくことができるからね。

一人さんは子どもの頃から、自分を大切にしてきたの。だから、「勉強しなさい」「学校へ行きなさい」っていう親や先生の意見は聞き入れなかったし、勉強をしないどころか、試験もほとんど受けたことがない。それでも、友だちは多くて、いつも仲間に囲まれていたよ。

親のことは大好きだったけど、「高校に行って大学を卒業しろ」という親の希望は受け入れなかった。それより、早く社会に出たかったからね。

このように自分の思うままに好きなことをしてきたの。そして、そんな自分が大好きなんだよ。

自分のことを「一人さん」って呼んでいるのも、自分のことを尊敬しているし、大事だからなんだ。神様の分身だと思えば、大事にしないわけがないよね（笑）。

生きるのがつらい人って、「自分なんてダメだ」「人と比べて自分は劣っている」って思っている人が多いの。いいかい、ダメなんかじゃないよ。オレも神の分身だけど、あなたも神の分身だからね。

「楽しい」がわからないなら、好きなものを食べて、好きなテレビや映画を見るだけでいいよ。もし好きな人に会えるなら、もっと楽しいよね。旅をするのも、趣味を見つけるのも楽しいんだ。

少しずつでいいの、探していくとだんだん自分の「楽しい」がわかってくる。「好きなこと」をやるようになれば、きっと自分が好きになるからね。

あとね、自分をキレイにしていくことも、楽しいよ。女性とか男性とか関係なく、誰もが肌をツヤツヤにして、メイクをして、髪を整えてキラキラのアクセサリーをつけて、華やかな服を着る。好きなように、思いきりおしゃれしてごらん。自分をキレイにして磨くことで、自分を愛せるようになるから。

自分というコップに愛を注いで、コップがいっぱいになって、あふれたら、そのあふれた愛を他の人に分ければいいんだ。神様はそれで○（マル）をくれるよ。

まずは自分、次に他人を愛することなんです。

✦魂が輝く言葉

10. 地球では「人生を楽しむこと」「人に親切にすること」が大事

11. 好きなことをすると自分を好きになれる

12. まずは自分を愛する。それができたら人も愛せるようになる

Lesson 5 魂の段階は少しずつ上がっていけばいい

「人は魂の成長のために生まれてきた」という話をしたけれど、どういう意味なのか、もう少し詳しい説明をしておくね。これも、信じたくない人は、信じなくてもいいからね。

人は魂を成長させるために、いろんな経験をしていくんだ。

今世で、経済的に厳しい家に生まれて、大人になってもお金の苦労をしている人がいる。こういう人は、お金の勉強のためにこの世にやってきたんだ。お金の大切さを知って、お金に困らなくなったとき、魂が１つ成長できるんだね。

同様に、家族に恵まれず孤独に育った人がいる。親や環境を恨んだままだと、自分もつらいよね。自分だけは素晴らしい家族を作ろうと思うことも１つ。１人でもいい、孤独を楽しもうと考えるのも１つ。家族に恵まれなかったことで卑屈にならず、いい経験として捉えたとき、いい未来が作れるの。

また、人の世話や家族の心配事に追われ、心が疲れてしまう人もいる。心の病気になる人って、自分を大切にしていない人が多いんだよ。自分をないがしろにして、自分を卑下したり、傷つけたりしているの。

心の病気は「自分を愛していいんだよ。もっともっと自分の味方になってあげな」という神様のメッセージでもあるの。

そして、自分の気持ちに寄り添い、行動できたとき、魂が１つ成長するんです。

こんなふうに、人生にはいろいろなテーマがある。難問を１つクリアしても、また次の問題が出てくることもある。１つ１つ、乗り越えて、愛をもって対応することで、魂の段階は上がっていくんだ。

魂の段階は、階段状になっていて、一気に頂上へ近づくことはできないんだ。ただ、数段飛びこすことはできるけどね。１

つ1つ階段を上るために、何万回と生まれ変わるということだよね。

魂が成長すると、「もっといろんな体験がしたい」「難問にチャレンジしたい」という人も出てくる。すると、あえて困難な道を選んだり、ハンデのある肉体を選んだりすることもあるんだ。これは、その魂の個性と言えるね。

今世は、あなたの魂が何千回何万回と生まれ変わるうちの1回。こういう体験をしたいと選んで生まれてきたんだ。

何万回も生まれ変わる魂ではあるけど、だからこそ1回1回無駄にはできないの。この肉体、この環境、この家族は1度きりだからね。

オレはこの肉体での人生を楽しみたいと思っている。

そして、この本を読んでいるみんなも、この体で生きるのは最後だからね、今の人生を楽しんでもらいたいと思っているの。

魂が輝く言葉

13. 魂の段階は一気に上がることはできない
14. 難問をもって生まれてくるのも「魂の個性」
15. この身体での人生は最後だから思いっきり楽しむこと

一人さんのところへは、毎日たくさんの質問が来ます。
今回はその中でも、命に関すること、縁に関すること、子どもに関することなどを中心に答えていこうと思います。

ただ、人生において答えって1つじゃない。
そもそも答えって人から聞くことじゃないんだ。
あなた自身の問題は、あなたが経験して、あなたが答えを出すもの。

それを踏まえて、Q&Aを読んでみてくださいね。

Q1 子どもを授かる意味

私は妊娠がわかった瞬間に、神様から『お母さんになってもいいよ』と認めてもらえたような喜びを得ました。ですが、子どもを授からない人に「その資格がない」とは決して思いません。

「子どもを授かること、授からないこと」に意味はありますか？

それをどう考え、どう受け入れたら良いでしょうか。

（40代・女性・店舗経営）

Answer

ともかく何千回何万回も生きるんだ。

生きていれば、いろんなことが起きるんだ。

子だくさんなときもあれば、子どもがいないときもある。
ただ、今世がそういう人生だってことなんだ。
その中で愛をもって、楽しく生きることだよね。
それが大事なんです。

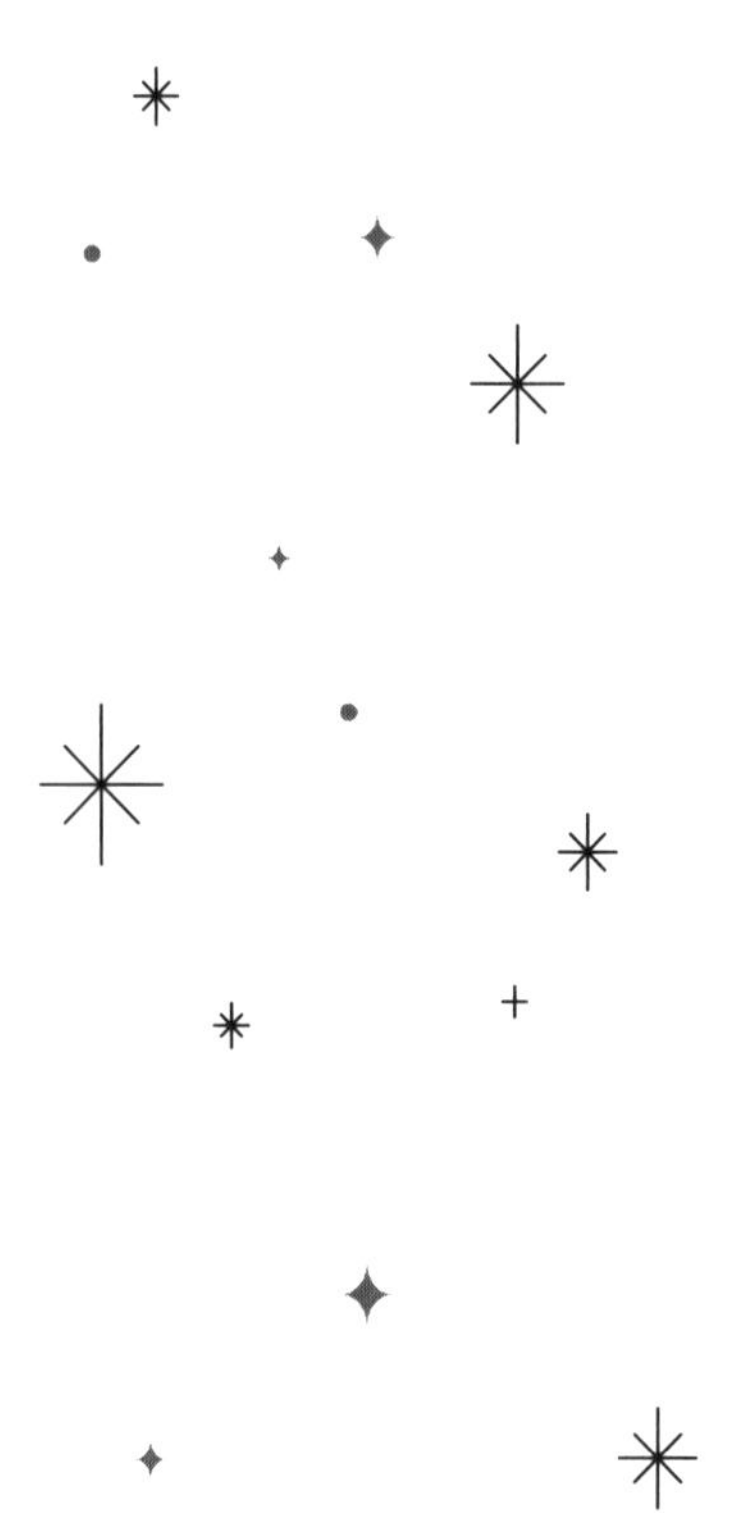

Q2 不妊治療について

40歳を過ぎて不妊治療で子どもを授かりました。不妊治療について、人様に話せるほど自分の中で消化できていません。恥ずかしいこととは思いませんが、口にできないのです。

一人さんは、「不妊治療」について、どのように思われますか？

（40代・女性・AI企業会社員）

Answer

どうも思わないね。不妊治療だろうが、子どもを授かったんだから。恥ずかしいという意味がわからないよ。

ただ今世はそういう形で母親になったというだけ。

何が言いづらいのか、オレにはわからないけど、言いづらいんだから仕方ないいんだよね。

いろんな人がいるだろ？　不妊治療でも、YouTubeで発信したり、本を出したりする人もいる。この人たちは、恥ずかしいとは思っていないいんだ。

整形だって、恥ずかしいと思っていない人が今は多いよね。整形した美しい顔をYouTubeに出したり、手術の経過をアップしている人だっているんだ。

ともかく、あなたは今世、言いづらいと感じているなら、そういう人生なんだ。いいも悪いもないいんだよ。

Q3 逆縁について

私の友人は60歳のときに、当時35歳の息子さんを、ある日突然亡くしました。友人はそのときのことを「地獄に落ちたと思った」と話していました。

一人さんは逆縁について、どう思われますか？　友人が息子さんから受け取った「命のバトン」はどういうものだったのでしょうか？

また逆に、友人も息子さんへ「命のバトン」を渡せていたのでしょうか？

友人にかけるべき言葉が何もなく、なんと言ってあげたらよかったのか……と今でも考えてしまいます。

（70代・女性・無職）

Answer

すべて寿命なんだよ。友人の方は、命の大事さを息子さんから教わったんだね。

寿命だから仕方ないし、早く亡くなることも何千回何万回生まれ変わる中ではあるんだ。経験のうちだよね。その1回だから、仕方ないの。

そういう人生のときもあるんだ。何千回何万回か生まれ変わる中の1つの経験。だから、不思議ではないんだ。

また、何度も会えるから大丈夫なんだ。

この言葉で、ご友人のつらい気持ちを終わりにしてあげたいよね。

Q 4 障害のある子

不妊治療で授かったわが子ですが、少し障害があることがわかりました。

子どもは可愛いし、子どもは愛しい。

一方で、「私が神様の意思に逆らって子どもを欲しがったせいではないか」、「自分勝手な欲望のせいで、子どもに負担を強いてしまったのではないか」と暗い気持ちを拭い去ることができません。

そんな私に気合いを入れてください。（30代・女性・デザイナー）

Answer

子どもは、生まれる前から自分で障害をもつことを決めてきているんだよ。

そして優しい親を見つけて、あなたを選んで生まれてきたんだ。

あなたの魂が覚えてなくても、きっと約束してきたんだよ。

子どもを可愛がってあげてな。天使ちゃんなんだから。


もう一度言うよ。

誰のせいでもないんだよ。この子は、お母さんのそばにいたくて、お母さんを助けるために生まれてきたんです。この子は、今はそういう経験をしたかったの。

そう思って、愛情を注いで可愛がってあげることだよ。

Q5 父が大嫌い

父が大嫌いでした。大酒飲みで、仕事もせずに、働く母に手を上げる人でした。亡くなっても悲しさはなく、お墓も弟に任せて、ほとんど行っていません。その分、母に対しては感謝の気持ちが強く、長年介護しています。私は父が嫌いなままで生きていいのか、知りたいです。

（63歳・女性・教育関係）

Answer

「だんだん良くなる未来は明るい」、この言葉をずっと言っていると、心中に変化が起きてくる。

自分が幸せになっちゃうと、そんな自分を生んで育ててくれたのは親だということが、だんだんわかるよ。

ただ、嫌いなら嫌いだって気持ちを受け入れていいんだ。そんな自分を許していい。ひどい父親を「好き」って言うほうがおかしいからね。

でも、「だんだん良くなる未来は明るい」と思っていると、明るいほうへ気持ちが向かうからね。お父さんのことだって、何万回も生まれ変われば、感謝できるようになると思うよ。

Chapter

2

死への思いを変換する

「死んだら終わり」
じゃないんだよ

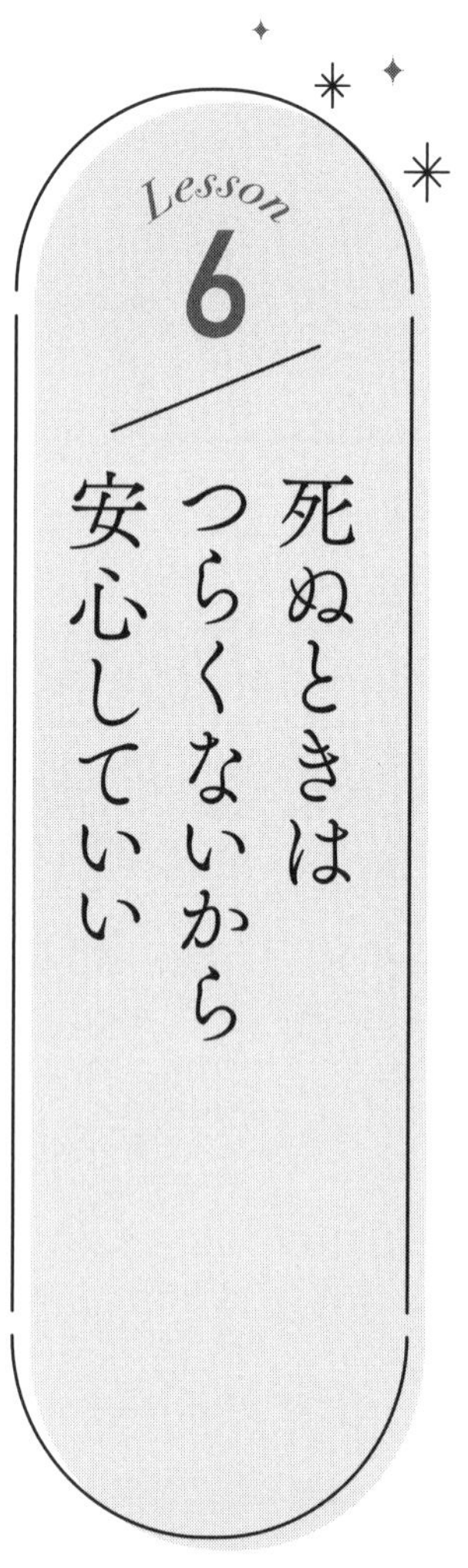

Lesson 6 死ぬときはつらくないから安心していい

死の恐怖は誰にでもあるものだよね。死ぬときはどうなるのか、それも経験だから、自分で感じて体験することが一番だ。

ただね、一人さんは、死ぬときは、痛くないし、つらくないということを知っているの。白い光の玉（３ｐ）から教えてもらったからね。

臨死体験の本を何冊か読んだこともあるし、体験を聞いたこともあるけど、みんなが共通して言っているのは、「死ぬときはすごく気持ちいい」ってことなんだ。

どんなふうに気持ちいいかというと、この世では味わえない心地よさなんだ。死ぬ瞬間って、眠くなってしまうらしいんだ。ふわ～と眠るように死ぬ。このときは、苦しみも恐怖も感じない。なんとも言えない気持ちよさがあって、そのままあの世に行くんだ。

実は、誰もがこの死ぬときの気持ちよさを知っているんだ。だって、何千回何万回も生まれ変わっているからね。誰もが何千回何万回も経験しているんだよ。これを忘れて、地球に戻るから、死への恐怖を感じるだけなんだ。

つらい話だけど、たとえ、大きな災害で瓦礫の下敷きになって亡くなったとしても、海に流されて亡くなったとしても、闘病の末に命を失ったとしても、最後は苦しむことはないの。いいかい、どのように亡くなったとしても、心地よく天に逝けるの。だから、安心していいんだ。

魂が肉体から抜けると、死後の世界に入っちゃうから、いくら身体が暴れたり、苦しがったりしても、それは反射的に動いているだけなんだ。

身近な人の死に目に会った人は、「息が苦しそうでかわいそう」「なんてつらそうな顔をしているの。助けてあげたい」と思うかもしれない。だけど、本人はまったく痛みや苦しみを感じてはいない。すーっと、安らかに天へ向かうんだ。

この話をしたら、「そんなに気持ちよく死ねるなら、早く体験したい」なんて人もいたけど、急ぐことはないよ。

死ぬときの気持ちよさも楽しみだけど、この世にはもっと楽しいことがいっぱいあるからね。

美味しいものが食べられるのも、恋ができるのも、旅ができるのも、この地球だからできること。

一人さんはつくづく思うよ。この地球に遊びに来ているんだから、まだまだ遊び足りないのに死んでなるものかって（笑）。

せっかく、この肉体、この環境、そしてこの日本という地に生まれてきたのだから、この世を遊びつくして納得してから死を迎えたいよね。

魂が輝く言葉

16. 肉体が亡くなるときは、すごく気持ちよく天に逝ける

17. 死にたいと思っても死ねないのは、「まだ生きろ」ということ

18. この世を遊びつくして、納得するまで楽しむことが大切

Lesson 7

亡くなっても会いたい人にはいつでも会える

身近な人が亡くなると、どうしても悲しい気持ちになって、なかなかその思いを断ち切れないことがあるよね。

それに、「もっと優しくしておけばよかった」「きちんと介護ができなかった」「一緒にいろいろなところへ行って、たくさん遊びたかった」って悔やむ人が多いんだ。だから、ここで伝えておくよ。

人は何千回何万回も生まれ変わるからね。縁がある人には、必ず会える。あの世でも来世でも、また会えるとわかっているから、深く悲しんで、落ち込むことはないんだよ。

もちろん、一人さんだって、家族や仲の良い仲間が亡くなれば悲しいよ。「また会える」とわかっていたって、涙することもある。

大切な人を亡くすって計り知れないショックだからね。すぐには元気がでないかもしれない。心が癒えるには、相当な時間が必要なときもある。

でもね、魂が何万回も生まれ変わることを知っていれば、自然と大切な人の死を受け入れられるようになるんだよね。

高齢の親御さんや、余命宣告された人が身近にいるなら、たくさん思い出話をするといいよ。そして「会えてよかった」「いつもありがとう」と、会話の中で伝えることだね。

もちろん、なんの前触れもなく突然の別れが来るときもある。だからこそ、仲の良い人には日頃から「ありがとう」「幸せだよ」などの天国言葉（211p）を使って、相手への愛を表すべきなんだ。言葉にすることが、一番伝わりやすいからね。

あなたが大切にしている人は、ソウルメイト（魂の仲間）と言えるんだ。今だけじゃない、前世でも、今世でも、そして来世でも縁があるの。

一緒に生きて学び合ったり、悲しみや喜びを分かち合ったり、魂と魂が強く結びついているんだ。

そういう人とは、今世、肉体の死によって別れても、あなたが死んであの世に帰ればまた会えるの。

誰もが、大切な人を亡くすことはある。この死を通して、あなたが学ぶこともたくさんあるんだ。

ときには、その学びのために、あなたの大切な人は自らの死をもって、あなたに「経験」をさせてくれる場合もある。

たとえば、こんな話がある。

子どもの頃、父親を肺がんで亡くした人がいたんだ。長い闘病で父親が苦しんでいたのを見ていたその子は、父親のような苦しみを少しでもなくしたいと、医師になり肺がんの専門医になったんだ。父親は救えなかったけど、多くの患者さんを助けているの。

また、ある女性は、学生時代の恋人を自殺で亡くした。よく調べてみるとうつ病だったことがわかったの。入院保険に入っていなかったので、入院もできなかったことを知り、彼女は保険会社へ就職。今は保険で人助けをしたいと、保険商品の作成をしている。恋人の死がなかったら、この職業には就かなかったと言っているよ。

親しい人の死で、何を学び、どう生きるか。それを糧に、何をするかが問題なんだ。**学びを生かし、残りの人生を幸せに生きること**なんです。

それが神様との約束だからね。また天で大切な人と会える日まで、精一杯今を生きることなんだよ。

魂が輝く言葉

19. 肉体は亡くなっても親しい人とは必ずまた会える
20. 生きているときに感謝や喜びを言葉で伝える
21. 人の死で何かを学び、今の人生に生かすことが大切

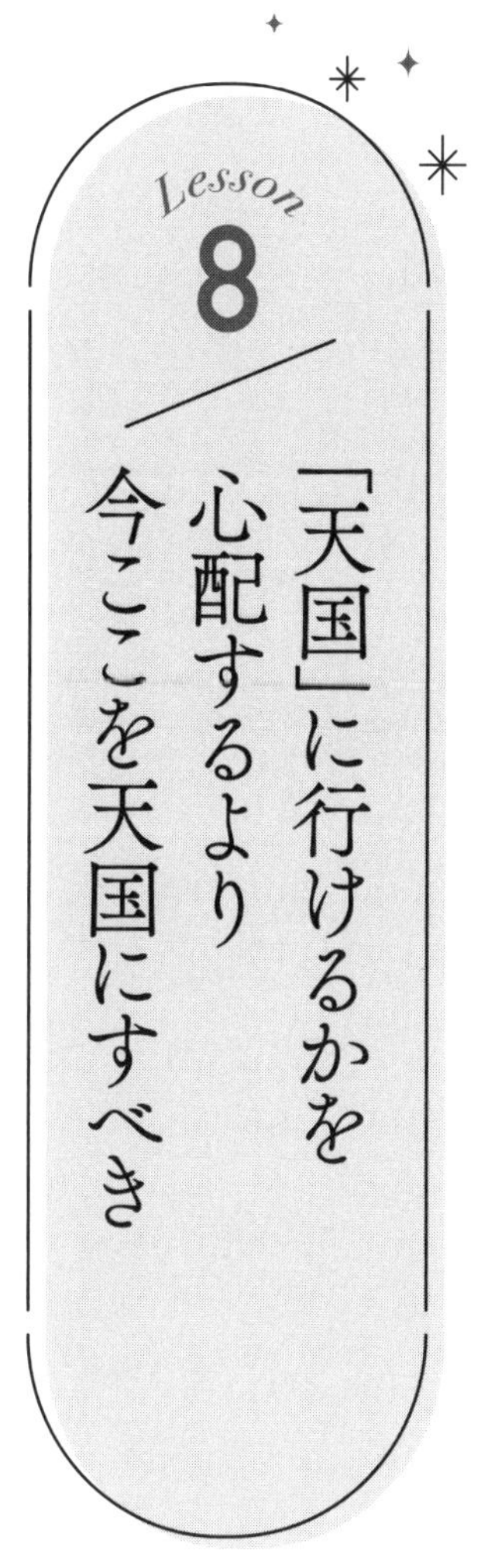

Lesson 8 「天国」に行けるかを心配するより今ここを天国にすべき

死んだらどうなるのか、知りたがる人が多いんだ。

「どうすれば天国に行けるのか」「地獄へ行ったらどうなるのか」という質問をよくされるんだけど、**実は天国という場所も地獄という場所もないんだ**よ。

前世で、自分を大事にして、人にも優しくした人たちが集まるのが「天国」。自分を愛せず、人も大切にしない人たちが集まっているのが「地獄」。

サークルのように、仲間が自然と「類は友を呼ぶ」ように集まってくるんだね。

神様は、罰を与えたり、お仕置きなんてしないから、地獄に行ってもつらい目に遭うわけではないんだ。ただ、同じ波動の人が集まって、１つの空間を共有しているだけなの。

一人さんは、白い光の玉（３ｐ）に「地獄」の深いところを見せてもらったことがあるけど、酷いところだったよ。ヘドロが湧くようなところで、悪臭がしている。ここに、みんなが集まってくるんだよ。

この人たちと一緒に居たくはないと思ったよね。

「天国」がどんなところか知りたいなら、一人さんが説明するより、一度行ってみたほうがいいよね。いずれは、行けるから楽しみに待っていることだよね。

たぶん花の香りのする、ふわふわした雲の上のようなところに、優しい人たちが集まっているよ。そこに、あなたの親しい人たちがいるはずだ。

一人さんはね、「天国に行くのにどうしたらいいのか」と考えるより、「今をどれだけ楽しく生きられるか」を考えたほうがいいと思っているよ。そのほうが幸せだよ。

まずは、今、自分の周りを天国にすることだよね。それができれば、天に帰っても幸せな空間に行けるんだよ。

自分の周りを天国にするために何をすればいいのか。

それは自分自身が太陽のようにキラキラ輝くことだよ。

たとえ、周りが暗くても自分だけは機嫌よくいるの。そして笑顔でいることだね。いい言葉をいっぱい話すの。そして、自分がやりたい、好きなことを思いっきり楽しむことだよね。するといつの間にかイヤな人はいなくなって、周りにはいい人しか寄ってこないから。これが「引き寄せ」というものなんだよ。

今、ここで天国を作っておけば、天に逝っても天国なんだよ。我慢ばかりして、自分を卑下して大切にしない、もちろん人も大切にできない。そんな人が地獄に行くんです。

ただ、今世で罪を犯したとしても、やんちゃな時期があったとしても、人を傷つけた経験があったとしても、今世で償い、反省して、心を変えることができれば、地獄には行かないよ。安心していいよ。今からでも間に合うんだ。

とにかく、「今」「今世」が大事なんだ。わかるかい？

魂が輝く言葉

22. 「天国」「地獄」なんて場所はない
23. 天国がどんなところか、行くまでのお楽しみにする
24. 自分が機嫌よく楽しくいれば、周りは「天国」になる
25. 今世で天国を作れば、天でも天国に逝ける

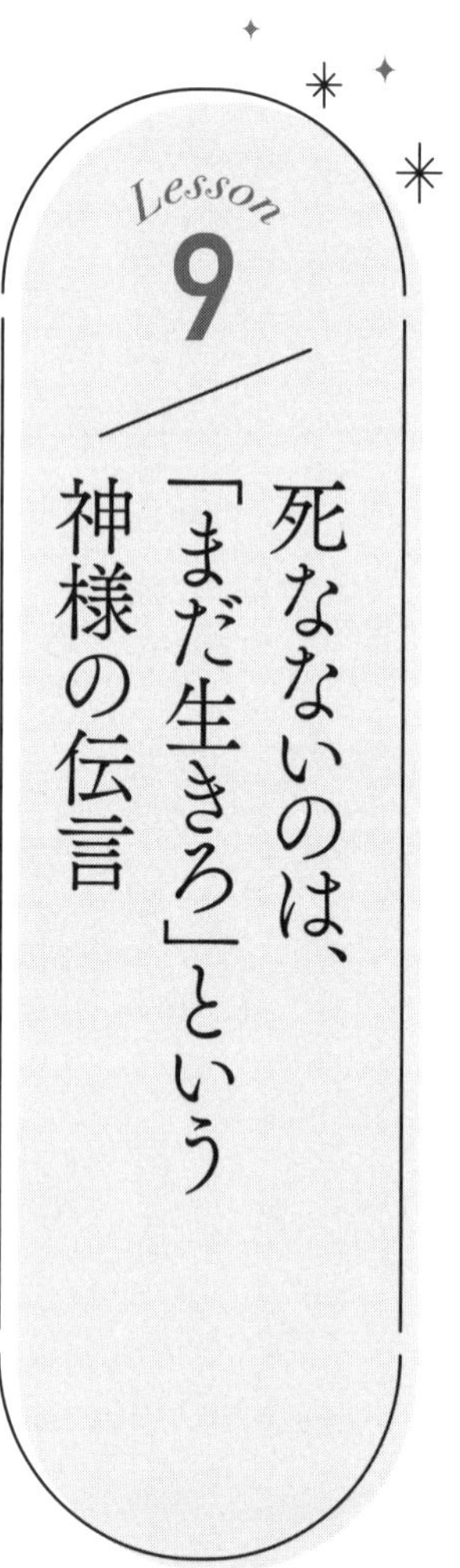

Lesson 9 死なないのは、「まだ生きろ」という神様の伝言

この先死んだとしても、いつかまた生まれ変わる。このことがわかっていても、誰もが多少の怖さを感じるはずだ。一人さんだって、ちょっとは怖いよ。死を恐れない人なんていないんだよ。だって、神様がそう作ってくれたからね。

「怖いな」って思う間は、まだ死が近づいていないということ。安心していいよ。

自殺しようとして未遂で終わったり、大病をしたけれど完治したりした人がいるだろ？　ときには、大きな事故に遭って自分だけが助かったというケースもあるよね。

こういう場合は、まだまだ寿命が残っているということなんだよ。神様と約束した命の期限が、まだ来ていないってこと。人は、天にいるときにおおよその自分の寿命を神様と約束して、この世に来るからね。

死んでいないということは、「もっと生きろ」ってことなんです。

命の期限は神事（かみごと）なので、寿命が来たら天に戻るし、まだ期限が来ていないなら生きることになるんだ。

死んでいないなら、くよくよ考えずに、寿命を全うして、楽しく生きるべきだよね。

寿命が来たときは、死の怖さは一切なくなるんだ。

だから、もし大切な人の死に目に会ったとしても、強引に引き留めちゃいけないよ。

死を迎えつつある人に、「もっと長生きして」「あと少しでいいからがんばって」「死んじゃダメ」のような言葉はかけないほうがいい。

周りの人が引き留めてしまうと、亡くなる人がつらくなるんだ。後ろ髪をひかれて、悲しい気持ちのまま亡くなることになるだろ？

だから、最後は、天に安心して逝けるよう、素敵な言葉をかけてあげてほしいよ。

今世で使っていた大切な名前を呼んであげて、「ありがとう」「本当にお世話になりました」「また、あの世で会おうね」「来世でも一緒に楽しみましょう」って感謝の気持ちを伝えるんだ。

たとえ、危篤状態であっても、あなたの声は聞こえているからね。声に出して言ってあげてください。

「たくさん旅行に連れて行ってくれたね」「孫の面倒をたくさん見てくれたね」「作ってくれた料理は忘れないよ」って、笑顔で楽しい思い出話をしてあげるといいんだ。

そうすると、亡くなっていく人も笑顔で安らかに旅立てるからね。

天へ逝くときは、たくさんのソウルメイトが迎えに来て、道案内をしてくれるの。懐かしい人たちにここで会えるんだ。そう考えると、怖さは和らぎ、死ぬのも楽しみになってくるんだ。

魂が輝く言葉

26. 死が怖いうちは死が近づいていないということ
27. 命があるうちは、くよくよ考えずに、めいっぱい楽しく生きる
28. 死が近づいた人を無理に引き留めてはいけない
29. 死を前にした人には、思い出話と感謝を伝えるだけでいい

Lesson 10

今の魂をもって また生まれ変わる。安心しな

「お金や財産は死んだらなくなってしまいます。せっかく稼いだお金や積み上げてきた地位や名誉をなくすのは悔しくありませんか？」

とよく聞かれるんだ。

一人さんは、お金にも財産にも名誉にも、執着はしないからね。分けられるものは家族や親戚が分けて、自由に使えばいいと思っている。

だけどね、面白いことを教えてあげよう。天にもっていけるものもあるんだよ。それが「魂」なんだ。

魂だけは次に持ち越すことができるの。

肉体がなくなり、形あるものは天にはもって帰れないけど、魂だけは来世に引き継ぐことができる。これを「生き通し」というんだ。魂は生き続けるってことだよね。

何万回も生まれ変わる間にいろんなことを知って、ノウハウを学ぶ。これは、次の世でも生かされていくということなんだ。

たとえば、教えていないのに踊りがうまい子とか、料理ができる子っているだろ？　実は、前世で踊りの訓練をしていたり、料理の修業をしたりしていたんだよ。

生まれながらに数学の天才だという子もいるけど、これも生まれながらなんかじゃない。その前の人生で、がんばって勉強した積み重ねが、魂の中に刻まれているんだよね。

同じ親から生まれた兄弟でも、器用な子と不器用な子がいるのも、この考えなら理解できるだろ？

家族の苦労をたくさんして、我慢し続けた人は、「我慢なんていらない、もっと自分を楽しませるべきだ」って学ぶことができたよね。

いつも借金に追われて、お金に困っている人は、「お金に感謝して、きちんと仕事をして、無駄をなくせば、借金は返済できる」ということを知るよね。

1つ1つ、魂を成長させていけば、次は家族のことやお金のことで苦労することはないんだ。生まれ変わるごとに、幸せの法則がわかってくるんだよね。

最初の質問も別の角度から見ると、**「生まれ変わってもゼロから始まるわけではない。魂だけは引き継がれるから大丈夫」という答えになる。**

つまり、一人さんは「今世でお金の稼ぎ方も、女性からのモテ方も、幸せになる方法もすべて知っているから、次の世ではそれを生かせばいい」ということだね。

たぶん、来世でもお金にも困らず、女性にもモテる（笑）、素晴らしい仲間に囲まれた幸せな人生になるはずだよ。

そう考えると、来世が待ち遠しくて仕方ないね。

ただ、もっともっと魂を成長させて、神様に大きな○(マル)をもらいたいよね。だから、命のしくみをみんなに伝えていきたいんだ。

魂が輝く言葉

30. 「魂」に刻まれたことは、天にもっていくことができる
31. 今世の経験は来世に生かされる
32. 何万回も生まれ変わる間に、幸せになる法則を知っていく

Q6 亡くなった人に会えますか？

私は亡くなった祖母が大好きで、自分が死んだら祖母に会えるのではないかと楽しみにしています。素朴な疑問ですが、亡くなったら会いたい人に会えるのでしょうか？

願えば叶うのか知りたいです。

（40代・男性・会社員）

Answer

会えますよ。安心してください。

あなたが亡くなったら、亡くなった世界で、必ず迎えに来てくれる。会えるのは間違いない。

また、来世でも縁があるから会えるよ。何度もね。

Q 7 自殺は悪いこと？

先日、大親友を亡くしました。自殺でした。彼女の心の傷をわかってあげられず、寄り添うこともできず、後悔の毎日。ただ、友人の魂が成仏するのを祈るばかりです。

自ら命を絶つことは悪いことなのでしょうか？

私が今、すべきことは何なのでしょうか？

（30代・女性・公務員）

Answer

人は何千回何万回と生まれ変わるから、また何回も会えるよ。悲しむより、友だちの分まで幸せになって、いい波動を送ることだよね。

あなたがそのことで、つらくなると、友だちも重くなるからね。

それと、重要なのは、命は1回じゃない。

いいかい、何千回何万回も生まれ変わることを、信じることなんだ。

命は1回じゃないからね。

オレは、命が何千回も何万回も生まれ変わると信じてるの。今の人生は、何万回のうちの1回なんだ。そこが一人さんの考え方とあなたの考え方が根本的に違うところだな。

人は何千回も何万回も生まれ変わるってこと。だからこそ、今、楽しく生きるんだ。

Q8 自分を責める人にかける言葉

カウンセラーをしています。身内やペットなどが亡くなって、「あのときこうしておけばよかった」「自分のせいではないか」と自分を責める人がとても多いです。どう声をかけてあげればいいのでしょうか？（40歳・女性・カウンセラー）

Answer

生き死には、寿命なんだ。それと「だんだん良くなる未来は明るい」と思っていたら、何回でも会えるんだよ。心配ないよ。暗い顔しないで、明るく生きてください。あなたが悩んでいると悲しむよ。「亡くなった人や動物は、自分を責めないように」って伝えることだね。

Q9 「死にたい」という言葉に対して

「死にたくなる」「もう死んでしまいたい」と友人に言われたとき、うまく対応できないときがあります。友人に生きる勇気を伝えたいです。一人さんなら、死にたいという人にどのような声をかけますか?

(60歳・女性・主婦)

Answer

生き死には神の領域なんだ。死ぬときは死ぬ、死なないときは死なないの。寿命の問題だからね。

「だんだん良くなる未来は明るい」を口ぐせにすれば、死にたいなんて思わなくなるよ。
未来が暗いと思っているから、死にたくなっちゃうんだ。
人は何千回何万回と生まれ変わる。そのたびに、だんだん良くなるんだ。
そしてね、この言葉を繰り返して言っていると、今の人生も良くなるんだ。

Q10 家族との縁の強さとは？

私は、両親と縁の薄い子ども時代を過ごしました。その分、自分の家族への執着心が強いです。

何度生まれ変わっても、妻と子どもたちと出会いたいです。ただ、親に対してはそのように思いません。

親や配偶者・子ども、家族との縁の強さ、命のつながりとはどういうものなのでしょうか。

（30代・男性・カメラマン）

Answer

今世は、あなたはそういうことを考える人生なんだ。

来世に会いたいと思えば、必ず会えるよ。

ただ、来世も子どもと会いたいとか、この妻と一緒にいたいとかあなたが思っていても、相手がどう思うかだな（笑）。

相手がイヤなら、会えないかもしれないしね。それも学びだよ。

何千回何万回も生まれ変わる中の1回だからね。とにかく今の人生を楽しみな。

Chapter 3

あなたの魂が最高に輝く生き方

「魂の秘密」を教えよう

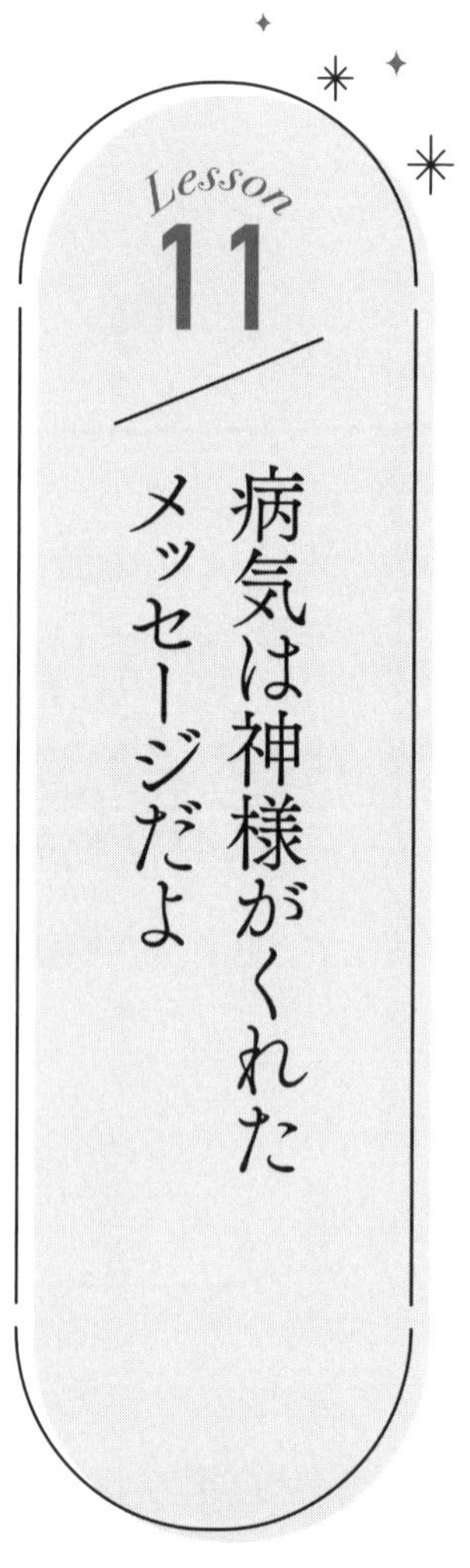

Lesson 11 病気は神様がくれたメッセージだよ

一人さんはね、子どもの頃から病気ばかりしていたんだよ。身体の具合が良かったことなどないくらいにね（笑）。

生死にかかわるような大病を何回もしていて、医者には「お宅の息子さんはもう長くはないでしょう」と余命宣告をされたこともあるんだ。

親は、周りの人に「お宅の息子さん、二十歳までは生きられないね」と言われたそうだよ。

ただ、一人さんは病気を苦だとは思っていなかったんだ。どんなに身体は苦しくても、気持ちは自由だって知っていたからね。

どんなに具合が悪くたって、明るくって楽しいことを考えていたの。「元気になったら、何して遊ぼうか」とか「仲間と一緒に、いろんなところに行きたい」とか、布団の中で明るい妄想をしていたんだよね。

いいかい、**楽しいことを考えていると、魂って磨かれるんだよ。**

「病気」っていう言葉をよく見てごらん。「病」と「気」からできているよね。

病気になると、悪くなっているのは「病」なのに、それによって「気」まで悪くなっちゃうんだ。

要は「病」だけを治せばいいの。苦しいのは身体であって、心までつらくなることはないんだ。気持ちまで落ち込んでしまっては、良くなるはずの病も治らなくなるよ。


神様って、病気のようなつらい状況のとき、明るくしている人を見ると、すごく喜ぶんだ。そういう人に、素敵なプレゼントをくれるの。

一人さんもその一人だと思うよ。

一人さんは幼少期の病気のおかげで、健康に興味をもつことができたんだ。

大人になって健康維持のために、自分で青汁を作って飲むようになった。自分のために作った青汁だけど、一人さんの作った青汁を「飲んでみたい」という人が集まってきたんだよね。

やがてその数が増えていって、商売につながったんだ。こうして、健康食品で成功したのも、自分が病気がちだったから。

そう考えると、病気に感謝しかないよね。

誰もが多少なりとも病気になると思うけど、病気になるって「健康に感謝しなさい」という神様からのメッセージなんだと思うよ。

肺病になったら「タバコは控えなさい」というお知らせかもしれないし、肝臓病になったら「お酒を飲み過ぎないように」というサインだったりするんだよ。

健康でないと好きなことを思いっきりできない。やりたいこともすぐに行動に移せないよね。

命を輝かせたいなら、このメッセージに気づいて、自分を大切にすることだね。病が教えてくれることはたくさんあるんだよ。

魂が輝く言葉

33. 楽しいこと、明るいことを考えていると魂が磨かれる
34. 病気になるのは「健康に感謝しなさい」というサイン
35. 命を輝かせたいなら、まず自分の身体を大切にすること

Lesson 12

欲は神様がつけてくれた素敵なものなんだ

お金がたくさん欲しい、素敵な人と結婚したい、儲かる仕事をしたい、有名になりたい……。人間って、いろんな「欲」をもっているよね。

ただ、日本人っていろいろ欲しがると、〝欲深い〟って思われてしまうから、自分の欲を抑えてしまうんだよね。

なぜ、人間に欲があるのかと言うと、それが魂の成長に必要だから。

金欲も、物欲も、食欲も、名誉欲も、性欲も、人間だからもてるもの。これは、神様が人間につけてくれたものなんだ。

「欲張っちゃいけない」とか「欲は悪いもの」と思うのは、必要以上に求めたり、やり過ぎたりするから。

でも、欲って、きちんと制御できるようになっていて、それを学ぶのも魂の成長なんだよね。

多くの人が「人から美しく見られたい」って思うよね。ということは「美しく見られたい」という欲も神様がつけてくれたたくさんの欲の1つ。

だから、「美しく見られたい」というのは神事(かみごと)なんだよ。女性も男性も、誰もがみんなキレイになりたいと思っている。そしてね、誰だってキレイな人が好きなの（笑）。それで、うまくいくようになっているんです。

命を輝かせるには、この欲って必要なんだよ。だって、「欲」ってその人にとっては楽しいこと、好きなことなんだからね。**自分を輝かせるためには、この「好き」が何より大事**なんです。

だから、自分がやりたいことや欲しいもののためには、我慢をしないで一歩踏み出すことだよね。

この地球は「行動」の星なの。

何かを手に入れたいなら、「動く」ことなんです。何もせずに、お金もブランド品も降ってくることはないんだ。やりたいことのためには、まず行動だよ。

宝くじを当てるには、宝くじを買わないと始まらない。資格を取るためには、試験を受けなきゃいけない。誰もがわかっているけど、この一歩が踏み出せないの。

美しくなりたいなら、自分をキレイにするためにメイクをしたり、美容院へ行ったりする。お金が欲しければ、きちんと働いて、コツコツ貯める。ブランドのバッグが欲しければ、貯めたお金をもって、高級デパートへ買いに行く。人を助けたいなら、自分が役に立ちそうなボランティアを探すの。そして、好きな人がいれば、自分から告白するんだよ。

人は行動することで、自分の「好き」を手に入れる

ことができるんだ。

自分の欲に忠実になっていいんだよ。欲張りなんかじゃない。

さぁ、これを読んだからには、動かなきゃ。あなたは、何をして自分を輝かせるのかな？

魂が輝く言葉

36. 欲があるのは、魂の成長に必要だから
37. 欲はきちんと制御できるようになっている
38. 自分を輝かせるためには好きなことをするのが一番
39. 何かを手に入れたいなら即「行動」する

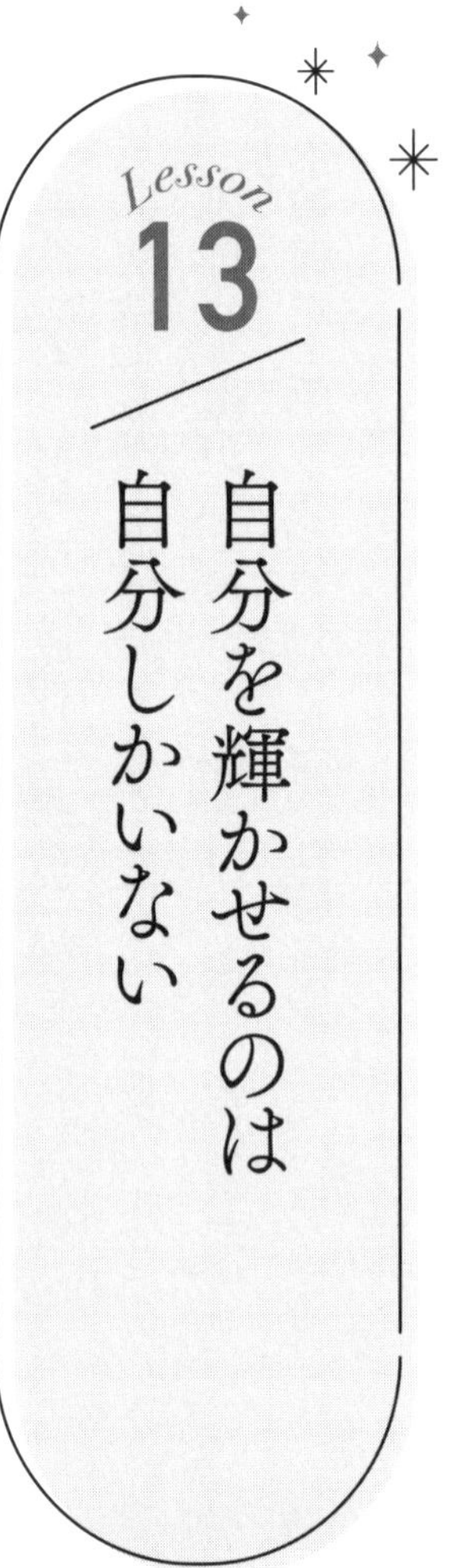

自分を輝かせるのは自分しかいない

今世で、自分の命を輝かせるのって、自分しかいないんだ。自分を輝かせながら、魂を成長させるために、まずやるべきことがあるの。

とっても簡単で、シンプルなことなのに、みんななかなかできないんだ。

それは何かというとね、**自分に優しくしてあげること**なの。**誰が何と言おうと、自分の味方になってあげるこ**

となんだよ。

仕事がうまくいかないと、自分を責めたりする。「もっと早く取り掛かればよかった」「先輩の意見を聞けばよかった」「私なんて無能だ」ってね。

久しぶりに友だちと会ったのに、後になって反省したりする。「余計なこと言っちゃった」「悩み事を聞いたのに、うまく励ませなかった」とかね。

旦那の機嫌が悪いと、自分に落ち度があったのではないかと気にする。「部屋が汚れていたからかな?」「優しく話しかければよかった」……なんてふうにね。でも、それは違うよ。あなたは1つも悪くないんだ。なのに、自分を責めてしまう。

いいかい、たとえあなたが悪かったとしても、そんな自分を許してあげることから始めてみることだよ。

「失敗ばかりの自分を許す」「配慮ができない自分を許す」「優しい言葉をかけられなかった自分を許す」。そうやって、**自分を許して甘やかすことって大事**なんだ。

1章で、あなたは神様の分身って言っただろ？　**神様と同じように、あなた自身も尊い存在**だとわかることだよ。

一人さんなんか、子どもの頃から自分に激甘だったよ。学校に行かない自分も、試験を受けない自分も大好きだった。楽しく生きることが大事だと思っていたからね。そして、楽しいことだけをしたから、成功したんだよ。

自分の命を輝かせるには、自分を愛するしかないの。

そうだな、まずは毎日自分を褒めてごらん。「朝7時に起きられるなんて、すごいね」「会社にきちんと行ける自分は素晴らしい」「なんて自分は素敵なの」。こんなふうに褒めてあげるの。それだけで、魂は喜ぶんだよ。

ときには、自分で自分を抱きしめてあげてもいいよね。「毎日よくやっているね」「がんばっているね」ってね。

旦那より、子どもより、恋人より、まずは自分を愛してあげる。何があっても自分の味方になってあげるの。**自分を愛するって、実は周りの人のためでもある**んだ。

「そんなに自分に甘いと、我がままにならないですか？」って聞かれるけど、**自分をいっぱい愛していると、人にも優しくできる**からね。大丈夫なんだよ。

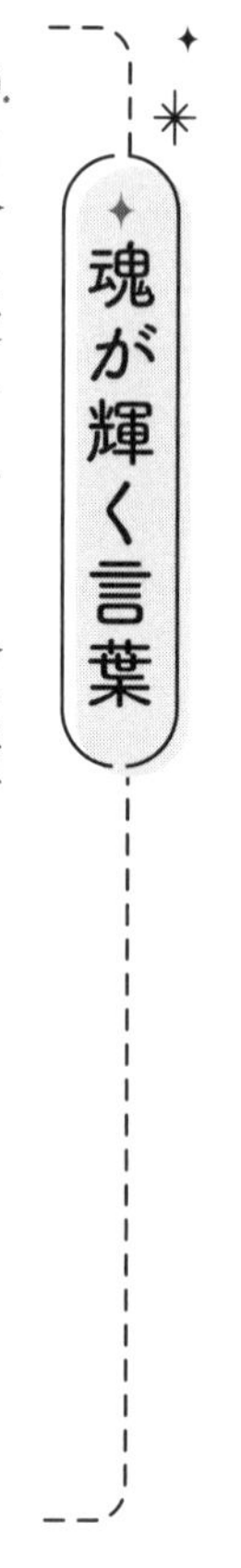

40. 自分に優しくすると命は輝く
41. 自分は神様と同じように尊い存在なんだと知る
42. たとえ自分が悪くても自分を許してあげる
43. 自分を愛するために自分を褒める練習をする

Lesson 14
恋をすることで、魂ってさらに輝くんだ

命を輝かせるために、一人さんだったら何をするかって?

一人さんなら答えは1つ。「恋」をするよね。

人間は恋をすると上機嫌になるんだよ。自分でキラキラ輝くことができるんだ。神様はすごいワザをくださったと思うよ。


「恋をすると、命が輝くよ」と言ったら、「結婚しているし、最近はときめきがないんです」という女性の編集者がいたんだ。

なので、とっておきの質問をしてみた。

「今、20歳に戻って恋人にするなら誰がいい？」

すると、彼女はニコニコしながら、妄想をし始めた。そして、迷いに迷って、今までにないほど満面に笑みをうかべて「今なら、赤楚衛二（あかそえいじ）さんかな」って答えたんだ。

一人さんは、今時の俳優なんか知らないし、彼女の好みを知りたかったわけじゃない。ただ、ときめきを感じたときの笑顔が見たかっただけ。

この質問をすると、誰もが楽しくなって、ワクワクしちゃうんだよ。

ただ本来なら、妄想より、不倫のほうが刺激はあるよね。旦那以外の人に恋して、不倫するのって素晴らしいことだよ。心も身体も気持ちよくなれるからね。そのうえ、結婚していないと味わえないこと、既婚者だから経験できるという特権でもあるの。だけど、公にそんなことを言ってはいけないからね。これは一人さんの独り言にしておいてください（笑）。

とにかく、**恋をすることで、人は輝くことができるんです。**

平安時代に和歌を詠むのが流行ったよね。その多くは恋の歌だった。和歌を詠むというのは貴族の遊びなんだよね。金持ちにしかできない遊びってたくさんある。そんな、金持ちたちがこぞって楽しんだのが、実は「恋をすること」なんだ。

でもよく考えてごらん。字が書けなくても、教養なんかなくても、恋ってできるんです。

神様がすごいのは、誰にも公平だってこと。**お金があろうがなかろうが、恋って誰でもできるんだ。**

たとえ思いが通じなくても、片思いでも楽しいものなんだよ。

両思いならさらに命は輝くよね。相手の目に「素敵な人だな」って、あなたが映っているってことは、あなたはダイヤモンドくらいの、いやそれ以上の魅力を秘めているってことなんだ。

ただ恋の始まりのうちは、あなたの魅力も、まだまだダイヤモンドの原石と同じ。だから、恋愛をしたら自分をさらに磨くことを忘れちゃダメだよ。

「素敵だな」と言われたいときに、ちょこっとでもそう見えるように、一歩だけでも「素敵な自分」に近づこうと、自分を磨いていけばいいの。いきなり完璧になろうとしなくていいよ。

今日の自分より、ちょこっと素敵になろうって、一歩、足を踏み出すことだよね。

素敵になろうって努力する人は魅力的だからね。そうすれば、相手の恋が冷めることもないし、嫌われることもないんだよ。

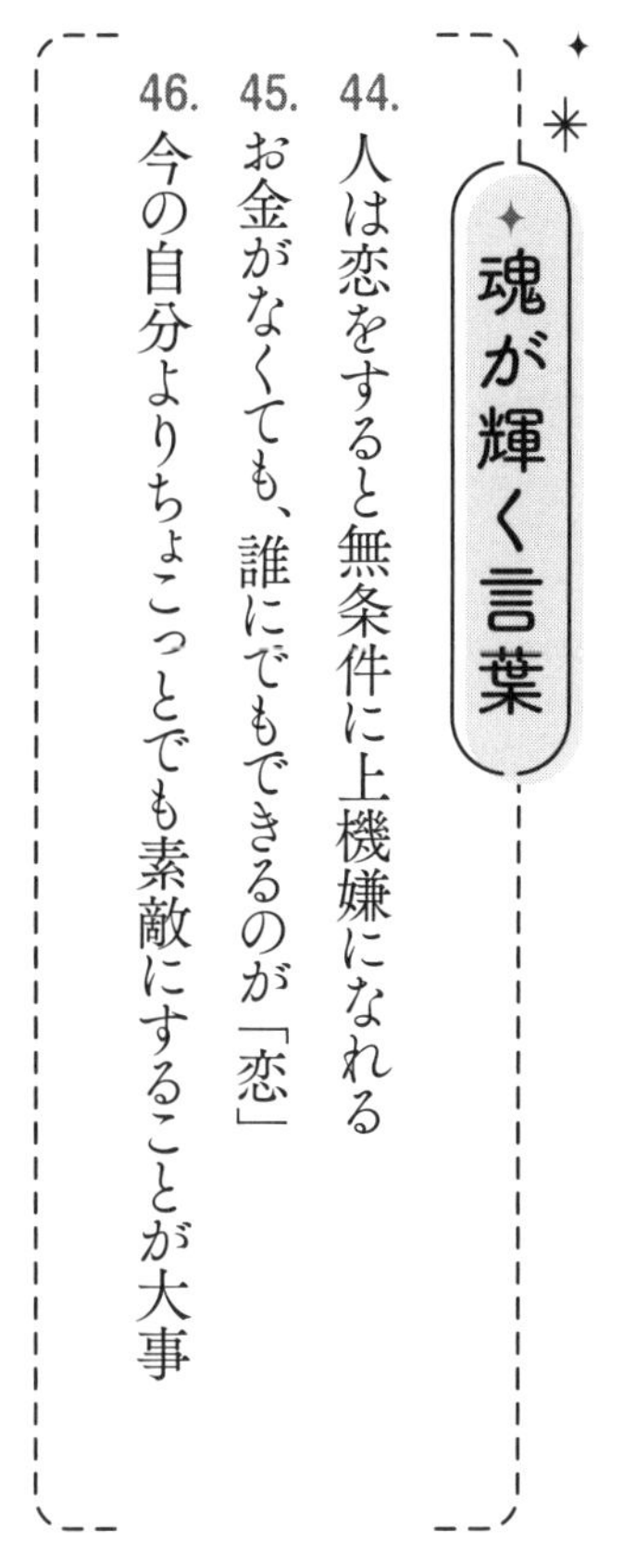

魂が輝く言葉

44. 人は恋をすると無条件に上機嫌になれる
45. お金がなくても、誰にでもできるのが「恋」
46. 今の自分よりちょこっとでも素敵にすることが大事

Lesson 15

うまくいかないときこそ魂が成長するチャンス

一人さんは、商売人だからね、常に仕事や商売を通じて、「魂を成長させる方法は何だろう」と考えているの。

何かトラブルが起きても「この問題から、どうすれば魂を成長させることができるだろう」と考えるの。

それを考えるとね、不思議なんだけど、自然と道が開けてくるし、その道を辿れば必ず成功につながっていくんだよ。

仕事や商売がうまくいかないときって、大抵、その道から外れているんだよ。体裁ばかり考えたり、欲張ったり、自分の利益だけを追ったり。本来の自分を見失うと、「それじゃダメだよ」って神様からサインが来るんだ。

ただね、一生懸命やっていても困ったことって起きるんだ。取引先が倒産したり、物価高騰で収入が減ったり。ここ数年は、コロナ禍で大変だった事業者も多いよね。

でも、ここで嘆いたり、自暴自棄になったりしないことだよね。「そろそろ、違う魂の修行をしなさい」という神様からのメッセージだからね。いいお知らせでもあるんだよ。

一見、「なんてひどい目に遭ったんだ」とか「運がない」と思えるような出来事でも、「このことから、魂を成長させるにはどうすればいいか」を考えて行動していると、今まで以上の素晴らしい結果に導かれるんだよ。

たとえば、コロナ禍で窮地に陥った人がたくさんいる。その中で、光を見つけた人もいるんだよ。

店舗では商品が売れないからとネット販売に切り替えて、売り上げを上げた人もいる。また、出社しなくてもZoomやSkypeなど、ウェブ会議でも仕事が十分できると、地方に引っ越してテレワーク中心で働き出した人もいる。通勤がないから時間が有効に使えて、子どもとの時間が増えたそうだよ。それに、田舎のほうが家賃も安いし、食べ物も美味しいから一石二鳥だそうだ。

困った出来事は、次へのチャレンジだと考えてみる。これは仕事上のことだけじゃないんだよ。

病気になった、災害に遭った、結婚寸前でフラれてしまった、そんなつらいことも、「このことから何を学べばいいのか」と思えば、違う未来が開けてくるんだ。

もし、すぐにそんな気持ちになれないなら、魔法の言葉を教えるよ。

「だんだん良くなる未来は明るい」

この言葉を言ってごらん。こう思うだけで、だんだん良くなっていくんだ。


命の輝きがなくなってきたな、つらい毎日が続くな、と感じたら「だんだん良くなる未来は明るい」を声に出して言うことだね。

できたらゲームだと思って1日千回21日間言うといいよ。どんないいことが起きるか楽しみだね。

言霊ってあるからね。本当に、だんだん良くなっていくんです。

魂が輝く言葉

47. 問題が起きたときこそ、魂を成長させるチャンス
48. 困ったことも、明るい未来を考えることで好転する
49. 「だんだん良くなる未来は明るい」は人生を変える魔法の言葉

Q 11 命の体感時間

一般的に、子どもの頃の1年は長く、年を取るほど1年はあっという間です。この、年を取るほど時間が経つのが早く感じることを「ジャネーの法則」と言うそうです。ジャネーの法則によると、年を取るごとに「命の体感時間」は短くなるようですが、一人さんの「命の体感時間」は、いかがですか？
いくつになっても、子どものような「命の体感時間」を長く保つには、どうしたらよいでしょうか？

（30代・男性・公務員）

Answer

それは無理だね。簡単に言うと、5つの子にとって1年間は人生の5分の1なの。70歳の人にとっては1年は人生の70分の1だからね。短く感じるのは仕方がないよね（笑）。

逆に長く感じるとしたら、人生がつらいんだと思うよ。

楽しく生きるしかないよ。楽しいと1年が半分にしか感じないときもあるし、3分の1にしか感じないときもある。3分の1なら、年も3分の1しか取らないんだ。だから、若く見えるの。

短く感じたほうが、得なんだよ。

楽しく生きてると、キレイでいられるの。うちのお弟子さんたちなんか、今が一番美しいし、若々しいよ。

楽しく生きていれば、奇跡が起こるんだよ。

いくつになっても素敵でいられるからね。

命の体感時間より、楽しく今を生きることを考えな。

Q12 いいアイデアが浮かばない

私は仕事をしていて、常々「いちばん考えている人が一番強い」と感じています。どんなプロジェクトでも、あらゆる角度から物事を見て、そのことについてひたすら考え続けた人が、結局一番深い提案ができるし、深い意見が言えるのです。

私はいつも「ああ、半歩及ばず！」「そのことは考えてなかった！」ということが多いです。どうしたら、その深さに辿り着けるのでしょうか。勉強と経験、考える時間で、その考えの深さに辿り着けるでしょうか？（30代・女性・会社員）

Answer

私はそうは思いません。深刻に考え過ぎていては、いいアイデアは浮かびません。

もちろん、一人さんは楽しいこと、興味のあることは学ぶし、本を読んだり、テレビを見たりはするよ。ただ、それは楽しいからやってるんだ。

「だんだん良くなる未来は明るい」と思うことで、いい知恵が出るんです。

ワクワクすること、未来を明るく思うことで、神様と同じ波動になるんだ。そうすると、いいアイデアや考えが湧いて、たくさん出てくるんだよ。

今は「すごいなぁ、この人」って思える人がいることを、楽しんでごらん。

Q13 親を施設に入れたい

90歳になる、目が見えない父がいます。傲慢で、言葉の暴力がすごいです。軽い認知症の母もいて、ほとほと介護に疲れました。父を施設に入れるという選択は、酷でしょうか？　なんとなく、罪悪感がいなめません。（50代・女性・エステティシャン）

Answer

今世はあなたの人生なんだから、あなたの思い通りにしな。父に対して酷ではなく、あなたの今の状態が酷なのではないかな？　疲れたんだからね、周りのことは気にしないで、自分を大切にしてゆっくり休むことです。施設にお願いしていいんだよ。

Q14 上司が嫌い

はっきり言って、上司が嫌いです。自分はいなくても困らない存在なのだと、上司の言葉の端々から感じます。

健全に考えると、「上司にとって必要な人材に自分が変わるべき」なのかと思いますが、それもイヤです。

「正しい命の使い方」として、どうあるべきですか？

（40代・女性・会社員）

Answer

この質問を読んで、あなたが上司が嫌いだってことは、よく伝わったよ。

問題なのは、上司に伝わっているかということだよね。

もっとしっかり伝えたほうがいいよ。

イヤなことは相手に伝える、それが一人さんの生き方なの。


上司にとって必要な人材になるのは、あなたはイヤなんだよね。

だったら、一刻でも早くやめたほうがいいんだよ。

あなたの大切な命、大切な時間だからね。


あなたが必要な人材に変われるのに、変わらないのは、もったいないけど。でもそれがあなたの答えならば、それでいいよ。

あなたの人生だからね。

好きにしたらいいんだよ。これも経験なんだ。


それにしても部下のやる気をそいでしまうのは、上司としては失格だよ。
上司の仕事は、部下にとって楽しくやる気の出る場を作ることだよ。

いずれにしろ、解決の仕方は、人それぞれなんだ。自分の好きな道を選ぶしかない。それが、今世生まれてきた目的なんだ。そして、どの答えも正しいんだ。あなたはあなたの思っているように生きるべきです。
我慢して、その会社にいるのも、答えだよ。それがラクならね。

これも経験だ。何千回何万回生きるうちの1回だからね。

Q 15 仕事への意欲が湧かない

60代目前の男性です。新しい仕事を開拓していく意欲がなく、現状維持を保つのが精一杯です。

出世の可能性もなく、自分のサラリーマン人生のストーリーも見えてきました。

仕事へのモチベーションをどう保てばよいでしょうか。

（50代・男性・食品会社勤務）

Answer

あなたは精一杯やっているんだから、そのままでいいよ。

現状維持できていることに、「がんばっているな」と思っていればいい。

この本のテーマが「何千回何万回と生まれ変わる」だからね。
今世はそういう人生なんだ。
あなたはもっとこの人生を楽しむこと。
なんでもいいんだ。楽しいことを見つけるといいよ。
仕事だけが人生じゃない。
あなたが今世生まれてきた目的は、人生を思いきり楽しむことだよ。

Q16 優秀な妻に嫉妬(しっと)

妻とは会社が違いますが、同業です。

妻のほうが仕事の成果をあげていて、はっきり言って妻のほうが優秀であると認めざるを得ません。

女性が優秀であることはよくわかっていますが、ことのことなると「男たるもの、女に負けてなるものか」と自分の妻より優秀でありたいと思ってしまいます。

この思いに、どう折り合いをつけたらよいでしょうか。

（30代・男性・SE）

Answer

「妻より優秀でいたい」と思っている時点で、奥さんのほうが優秀なんだよ。

優秀な奥さんがあなたと結婚してくれたことに、「ありがたい」って感謝しなくちゃいけないよ。

奥さんは何とも思っていないんだ。それより奥さんを応援してあげな。

何万回も生まれ変わる間に、そういうこと（妻が優秀なこと）もあるんだよ。

そういう経験をしているってことなんだね。

Chapter 4

「あの世」と「この世」

ちょっと不思議な「あの世」の話をしよう

Lesson 16
幽霊がでたら、天へ帰してあげようよ

よく幽霊が怖いって言う人がいるよね。この幽霊は、浮遊霊と言ってね、自分が死んだことに気づいていない霊なんだ。

自分が死んだことに気づいてないから不安で、人間の身体に入ろうとしたり、ろくでもないいたずらをしたりするの。そういう浮遊霊がいっぱいいるんだよ。

「この建物、なんとなく変な感じがするな」とか「空気が重たいな、霊がたくさんいるのかもしれない」なんてときは、浮遊霊が近くにいるかもしれないね。霊を敏感に感じたり、見えたりする人もいるよね。

「霊がついてしまって、どうしたらいいかわからない」って相談は意外に多いんだ。だから、ここでは浮遊霊の落とし方を教えるよ。

浮遊霊って道に迷って困っている子どもと同じなの。だから、霊が来たらその場から逃げたり、追い払ったりするのではなく、まずは「一緒にいていいよ」「ゆっくりついてきなよ」って言ってあげるんだ。そして、「美味しいもの食べような」「楽しいことをしような」って、しばらく一緒にいてあげるの。

そして、「幸せだ」「ありがたい」って天国言葉（211p）をたくさん言ってあげるんだ。すると、浮遊霊も安心して、蛍が舞い上がるようにスーッと天へ上がっていくんです。浮遊霊って、暗くて不平不満ばかり言っていた人が多いからね。陰と陽でいうところの陰なんだよ。陰は陽には勝てないからね。明るい陽の言葉で、陰を消してしまえばいいんだ。しばらくあなたと一緒にいることで、この世は「楽しいな、幸せだな」って感じると、成仏して天へ逝くから、安心していいよ。

よく霊媒師の話で、「たくさんの浮遊霊をお祓いしたら、自分に悪霊がついて病気になっちゃった」なんていう話があるけど、そんなの嘘だよ。きちんと天に帰してない証拠だよ。だって、人助けして病気になるわけがないからね。人助けしたらいいことがいっぱいあるんだよ。

浮遊霊だって、元は人間だろ？　つまり人は、神様の分御霊（わけみたま）だからね、それが天に帰ってこないのを神様は心配しているんだ。天に帰してあげたら、天のみんなが喜ぶの。神様から〇（マル）をもらえるんだよ。

こうやって、浮遊霊を天に帰して成仏させてあげると、その成仏した霊が味方してくれるようになるんだ。**だから、浮遊霊に出会ったら、怖がらないで人助けしてあげてください。**

また、浮遊霊にならないためには、死を怖がり過ぎないことだよね。死とは本来、幸福感にあふれた、最高に心地いいことだからね。それを知らずにいると、天へ逝けず、ずっとこの世を浮遊し続けることになる。

でも、これを読んだみんなは大丈夫だね。天にストレートで逝けるはずだ。

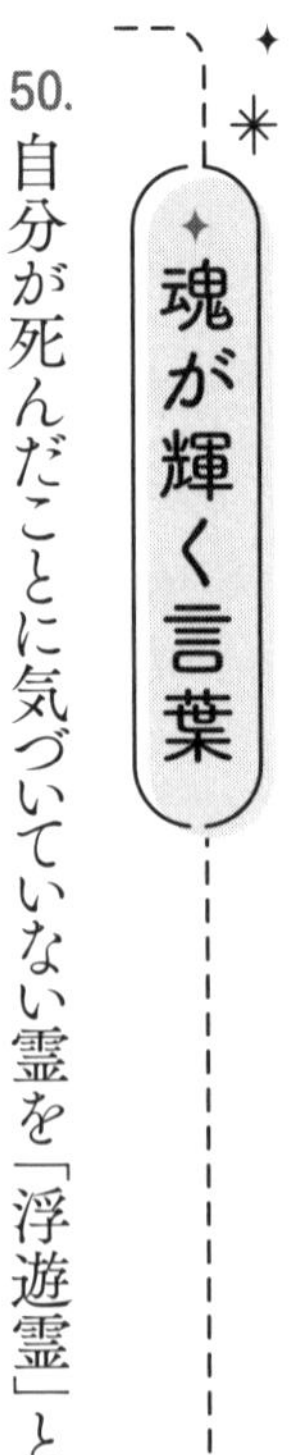

魂が輝く言葉

50. 自分が死んだことに気づいていない霊を「浮遊霊」という
51. 浮遊霊にならないためには、死を怖がり過ぎないこと
52. 浮遊霊を安心させてあげれば、霊は自然と天に帰る
53. 浮遊霊を天に帰してあげれば、神様は喜んでくれる

Lesson 17

ソウルメイトはあの世からの長いつき合いなんだ

人は何千回何万回と生まれ変われる中で、家族とか親友とか恋人とか、結びつきの強い人に会うよね。この大切な人って、あなたのソウルメイト（魂の仲間）なんだ。

今世だけではない、過去世でもずっと一緒に生き、来世の人生でも共に学ぶ相手なんです。だから、**ソウルメイトって、死によって今世別れることがあっても、天に帰ればまた会える魂なんだ。**

今世は別れてしまう恋人だったかもしれないけど、来世では夫婦になるかもしれない。兄弟だった相手が、次は親友として現れるかもしれない。こんなふうに、縁のある相手とは、別れがないの。

そう考えると、面白いよね。次は大切な人とどんな関係で生まれてくるんだろうって、それはそれでワクワクする。

まだまだ生きて、この世界を楽しみ尽くしたいけど、そのときがきたら、来世を楽しみに天国へ行こうって思えるよ。そういう感覚があると、死ぬこともそんなに怖くなくなるもんだよ。

ところで、ソウルメイトは魂の成長のために、さまざまな役回りをしているんだ。

たとえば、両親が離婚して、父親を知らずに育った子どもがいたとするよね。そういうつらい経験をしたのは、その子の魂がそういう経験をしてみたかったから、という可能性もあるんだよね。

その子の魂が「今世は、父親がいないことで何か学びを得たい」と考えたのかもしれない。だから、天の上でソウルメイトに、途中でいなくなる親の役を引き受けてもらうように頼んだんだ。

でもね、どんな魂も神の分身、愛で生まれた魂だからね、本当はお父さんだって、イヤな役を引き受けたくはなかったと思うよ。その子が父親役をソウルメイトに懇願したので、「仕方ないな、ではあなたの試練をお手伝いしましょう」って、父親役を引き受けてくれたのかもしれない。

もし、このように何かつらいことがあったら、そのことで何を学ぶのか、どういう人生を歩むのか、きちんと考えて、行動するの。するとと魂は一歩成長することになるんだ。

子どもの頃にいじめてきた同級生、嫌みを言う上司、文句を言うお隣さん、そういう人たちも同じように、あなたを成長させるためにやってきたソウルメイトかもしれない。だから、「この人から何を学べるか」を1回は考えてみるといいよね。

他人から見ると、不幸にしか見えないことでも、魂の成長のためには、必要不可欠な修行ということもある。そしてこの修行は、この地球でしか経験できない、貴重な学びでもあるんだよ。

魂が輝く言葉

54. ソウルメイトとはお互いを高め合い、学び合う最高の仲間

55. ソウルメイトはあえてイヤな役を引き受けてくれることもある

56. 不幸にしか見えないことも魂の成長には必要なときもある

57. 魂の修行はこの地球でしか経験できない

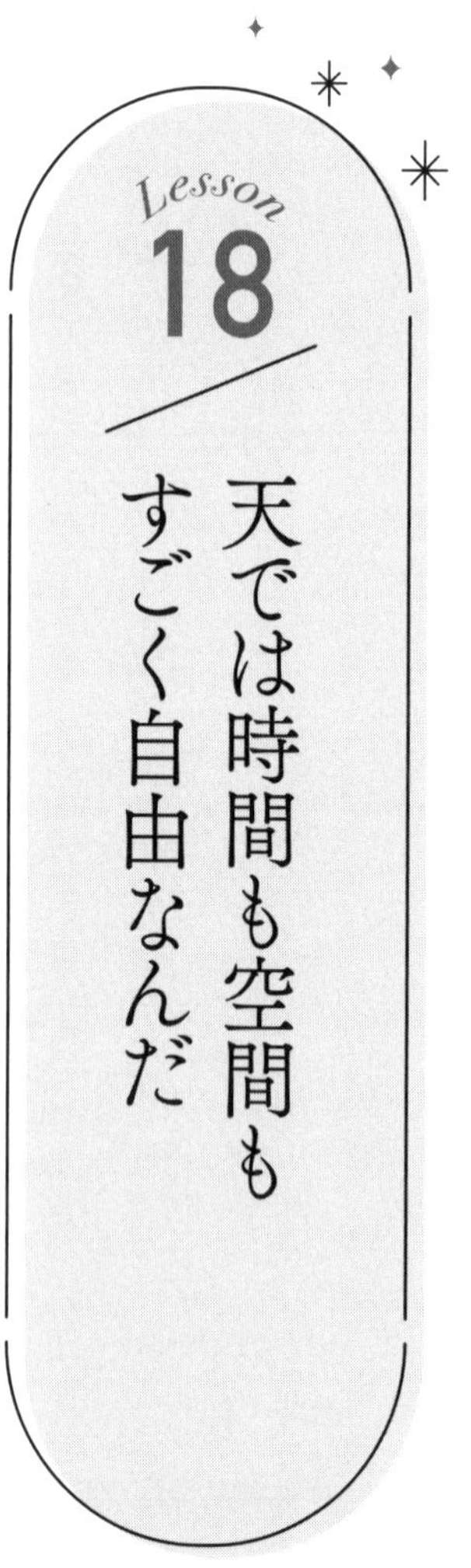

Lesson 18 天では時間も空間もすごく自由なんだ

人は死が近づくと、家族や親しい人たちにお別れを言いに行くという話があるよね。「病院にいるはずのおじいさんの声が聞こえたと思ったら、間もなく亡くなったという連絡が来た」などと話す人もいるし、「道を歩いていたら叔母さんの香水の香りがして不思議に思っていたら、携帯電話が鳴って、叔母さんの死を知った」なんて言う人もいる。

兄弟が同じ時刻に、母親の死を感じたというケースもある。

お母さんは遠く離れたところに住んでいたそうだけど、お母さんが亡くなったのと同じ時間に、兄は家族写真が倒れたことで、弟は時計が急に止まったことで、それぞれお母さんの死を感じたそうだ。

死にまつわる不思議なエピソードはたくさんあるものだね。**肉体から魂が抜けると、人は自由に空間を巡ることができるんだ。こういう現象を幽体離脱っていうんだね。**

この世では時間は、1秒1秒同じ速度で進む。世界共通だけど、これは人間が作った観念なんだ。

実は、あの世では時間というものがない。ゆっくりと時間を進ませたり、スピードを上げて時空を超えてワープしたり、いろんなことが自由にできるの。

今この場所だけに留まることもできれば、過去や未来へ行くこともできるんだ。映画の世界みたいにね。

魂を分けることもできるから、1つの魂は過去、こっちは未来へ、そんなふうに複数の場所で同時に存在することもできる。時間の観念がないから、この世にいる私たちには想像できないことが起きるんだね。


あの世では、この世界の100年なんて、瞬きくらいなのかもしれない。そう思うと、大事な人との別れもつらく考えなくていいんだよ。だって、天の上で魂として共にする時間のほうがずっと長いんだから。

たぶん、死期が近づいた人が、時空を超えてあいさつに来るのも、寂しがったり、悲しがったりしないように、「また、あっちですぐ会えるからね」って言いに来てるんだよ。

余談だけど、ときどきは、生きている魂も、分かれて時空をさまようことがある。一人さんのお弟子さんでも、「病気で寝ている間に自分の寝ている姿を天井から見た」と言う人がいるよ。そのとき、天井に傷を見つけて、「もし意識が戻ったら、傷があるか確かめてみよう」と思ったそうだ。そして、目が覚めて、天井に同じ傷を見つけたとき、自分が幽体離脱していたことを確信したそうだ。

これも怖いものではなく、魂が分かれたり、時空を超えたりするのは、天へ逝けば当たり前のこと。そんなに驚かなくてもいいよって話だね。

天の法則を知れば、幽体離脱も、そして浮遊霊も怖いものではない。天の不思議を今知ることで、みんながラクになれたら、一人さんはそれだけでうれしいんだ。

魂が輝く言葉

58. 肉体から魂が抜けると、人は時空を自由に動ける

59. あの世では、この世界の100年なんて瞬きくらい短いものだ

60. 幽体離脱も浮遊霊も、あの世では自然なことで怖いものではない

Lesson 19

誰でも守護霊に守られ、指導霊に導かれている

白い光の玉（3p）が、さまざまな命の不思議を教えてくれた中で、一人さんは偉大な神様の存在も知ることができたんだ。

一人さんの言う神様は、何度も言うけど、この星の創造主のこと。世界を、地球を、宇宙を作り上げた尊い存在なんだ。

そして、すべてのものを無償で与え続けてくれ、さらにご褒美までくださる。そんな素晴らしい神様が、一人さんは大好きなんだ。

よく、人には守護霊さんがついていると言うよね。この守護霊さんというのは、神様との中継ぎ役をしてくれる存在のこと。守護霊さんは、私たち1人1人についてくれている霊で、ただただその人だけを守り続けてくれるんだ。それで、その人の魂が願うことを神様に代わって聞いてくれる。また、神様と相談をしながら知恵をくれたり、助けたりしてくれるの。

この守護霊さんも、ときどき元気がないときがある。するとその人を守る能力が弱ってしまう。どういうときに、元気がなくなるのか？　それは、守っている人が他人に対して威張ったり、傲慢な態度をとったりしたときなんだ。神様はそういう人が大嫌いだからね。

守護霊さんが元気になるためには、人に親切にして、無償の愛を届けること。**思うようにいかないときは、傲慢な態度をやめて、思いやりをもつことなんだね。**

さて、守護霊さんのほかに、私たちには心強い霊がついているんだ。それが指導霊さん。仕事や芸術などを指導して可能性を広げてくれる霊だね。守護霊さんは一生同じ霊だけど、指導霊さんはその人の状況によって入れ替わるんだ。それも1人につき、4~5人ついている人もいる。

たとえば、野球をがんばろうと一生懸命に練習する。その姿を見て、少しランクが上の指導霊さんに入れ替わるの。プロを目指して、さらにがんばると、さらに上の指導霊さんがつく。「野球を通して、人を幸せにしよう」と志を高くもつと、またそれに応じた上級の指導霊さんがついてくれるんだ。

自分のためだけでなく、人のためを考えたとき、人って大きく飛躍するんだ。それは、指導霊さんのおかげでもあるんだね。

自分の中にいる神様を信じて、大切にしていると、全力でサポートしてくれるんだ。

ただし、守護霊さんも指導霊さんも、人の成長を助けることはできるけど、そうではないことには協力しないよ。**自分のことしか考えない人や、自分のことをないがしろにしている人は、決して応援することはない。**

だから、「自分なんか」とか「自分は何もできない」なんて思わないことだよね。

神様って、すべての人に幸せになってほしいと思っているの。

そして、世間の人が喜ぶようなことをすると、神様も守護霊さんも指導霊さんも喜ぶんだ。自分を大事にして、人に思いやりをもって接する人には、神様たちみんなが味方して素晴らしい成果をプレゼントしてくれるんだよ。

魂が輝く言葉

61. 威張ったり、傲慢な態度をとったりしたとき守護霊は元気がなくなる
62. 自分のためだけでなく、人のためを考えたとき、人って大きく飛躍する
63. 世間の人が喜ぶことをすると、神様は喜んでご褒美をくれる

Lesson

20

死ぬ前に迎えに来るのは、素敵な死神

魂は生き続けても、今世の肉体は滅びることになる。つまり死を迎えることになる。そのとき、迎えに来るのが「死神」なんだ。

みんなが思ってる死神っていうのは、浮遊霊とか、悪魔とか、妖怪とか怖いイメージがあるかもしれない。鎌をもったり、黒装束だったり、おどろおどろしい人物が出てくると勘違いしている人が多いと思うんだ。

でもね、最後にあなたを死の世界に導いてくれるのは、そんな恐ろしい姿じゃない。もっと美しくて、本当にキレイな輝きがある人なの。

「死神」って、ある人にとってはすごくイケメンでカッコいいし、また別の人にとってはとびきりの美人さんなんだ。

また、人によって大切な人が迎えに来てくれることもある。先に亡くなった旦那さんだったり、最愛の母親だったり、憧れていた人だったり、その人が安心するような姿になって迎えに来てくれるんだ。そういう安心できるような人が出てきて「お疲れさま、よくがんばったね。一緒に故郷へ帰ろうね」って、あの世へ連れていってくれるのが死なんだ。

この世でも、引っ越しなんかで今いるところから、見知らぬ新しいところに行くのは迷うものだろう？　こっちの世界からあっちの世界に引っ越すときも同じなんだ。誰だっていろいろ迷うからね。死神がキレイな光を灯して、亡くなった人が道に迷わないように、あの世まで案内してくれるんだよ。

昔、ある映画で、こんな話を見たことがあるの。

ある年老いた女性が、ご主人も息子さんも亡くして1人で暮らしていたんだ。「1人でこの先どうなるんだろう」という不安な毎日を送っていた。死ぬのが怖くて、まじない師に頼んで、「死神が入ってこられない御札」を作ってもらい、家の周りに貼っておくほどだった。この世を去ることに怯えて暮らしていたんだね。

そんなある日、玄関の扉を叩く音が聞こえた。死神かもしれないと、ドキドキしながら覗き穴から確認すると、そこに立っていたのは死神ではなく、感じの良い若者だったの。

若者から、一晩だけ泊めてほしいとお願いされるんだ。年老いた女性は若者のことを、怪しいとも思わなかったし、むしろ息子のように感じて泊めてあげたんだ。一緒にご飯を食べて、若者と楽しい時間を過ごしたの。

女性は、家族がいた頃を思い出し涙ぐんでいると、若者は話しかけた。

「おばあさん、今まで1人で、よくがんばりましたね。つらいこともあったでしょう。でも、もう、つらい思いはしなくていいんですよ。僕と一緒に行きましょう」

そして、この若者に抱かれて、年老いた女性は眠るように旅立つんだ。この若者が「死神」ということなんだよね。

これを見て、死神の本来の姿を感じた気がしたんだ。

死神というのは1つの人生の最後に、あなたのことを気にかけてあの世から来てくれる「神様」なんだ。最高の神であり、最高の天使なの。**天使が迎えに来ると思うと、死は必要以上に怖くなくなる**はずだよね。

人によって、「死神」の姿はそれぞれで、どんな人が迎えに来るかはわからない。でも、大好きな人、大切な人、素敵な人だというのは間違いない。自分にはどんな神様が迎えに来るのか、今から楽しみにしておくといいよ。

魂が輝く言葉

64. 死神は死をつきつける怖い存在ではない

65. 死神は、あの世に行くための道案内をしてくれる素敵な神様なんだ

66. 死ぬときは、大切な人、憧れの人、大好きな人が死神として迎えに来てくれる

Q17 子どもに「一生懸命」を教えたい

子どもが「一生懸命やっても、どうせムダだ」と言います。私は、学生のときのバレーボールの部活で補欠でしたが一生懸命がんばりました。

引退するときは自分でも「レギュラーの誰よりもがんばった！」という思いがあり、結果が残せなくても「ここまでやったからいいや」と清々しい思いでした。あの充実感は忘れられません。

子どもにも「結果はともかく、かっこ悪くてもやりきった気持ちよさ」を知ってほしいのですが、「一生懸命」ってどうしたら伝わるんでしょうか？

（40代・女性・会社員）

Answer

子どものために敢えて言うよ。

この親御さんね、気がついていないかもしれないけど、自分がやったことを子どもに押しつけすぎなんだよ。

なんでもかんでも「がんばれ、がんばれ」って子どもに言うと、子どもだって反発するの。プレッシャーになるんだよ。

子どもには子どもの個性と人生があるんだ。笑って見守ってあげな。

「だんだん良くなる未来は明るい」。これだけ言えば十分だよ。

Q18 習いごとは適当でいい？

私自身、子どもの頃の習いごとがあまり好きでなく、なんとなく適当にこなしていました。今、大人になって始めた習いごとは「やりたいからやっている！」という感覚で、一生懸命に打ち込んでいます。

そのため、わが子が習いごとに一生懸命になれなくても、「まあそうだよね！ イヤになるほどがんばらなくても、ほどほどでいいかな」と思っています。これは甘いのでしょうか？

（20代・女性・会社員）

Answer

甘くないよ、むしろ厳しいよ。「イヤになったらやめていいよ」って言ってあげてください。

よく読むと、「適当にがんばれ」って聞こえるよ（笑）。「やり始めたことは最後までやりなさい」とか「あなたがやりたいって言ったんでしょ」とか、お母さんが責めてる姿が目に浮かびます（笑）。

子どもが続けたいというならそのままでもいいけれど、イヤになったらやめさせてあげてください。

「未来は明るい」、これだけで十分。どんな習いごとよりも素晴らしいの。

一人さんの本を読んでいること自体、一人さんから習いごとしているのと同じだよ。

Q19 少子高齢化が不安

現代社会の中で、子どもをもつことについて、「こんなにひどい世の中で子どもを産み、育てるなんて、子どもに負担を強いるだけだ」というような意見を聞きます。日本の「少子高齢化」は、なんの表れでしょうか？

現在の日本の少子高齢化について、どのように思われますか？

（40代・女性・経理職）

Answer

この答えを言う以前に、なんで「こんなにひどい世の中」って思うのかな？　こんなにいい世の中なのに。いいかい、日本の歴史が始まって以来、今が一番いい世の中なんだよ。

戦争もない、みんな住む家があり、ご飯が食べられている。教育も受けられる。こんなに素晴らしい世の中はないんだ。どっち側から見るかだよね。

質問の答えを言えば、高齢化も少子化も悪いと考えるからいけないんだ。

少子高齢化によって利点もたくさんあるんだよ。定年になっても元気なら働く場所がある、AIによって仕事改革ができる、子どもたちが大切にされる世の中になる。

一人さんは、「どんどんいい世の中になっている」って思っている人なの。だから、一人さんの人生は素晴らしいんだ。この考え方、あなたにはわかるかな?

Q20 人への親切は自分に返ってくる？

私の兄夫婦は5人の子どもを育てています。5人の子育ては、それぞれの学費や習いごと、食費だけでもけっこう大変で、子どものいない私は事あるごとに、お年玉、お誕生日、入学祝い、お小遣いだとかで、子どもたちだけでなく、兄にも十万円単位でお金を送っています。ある方（作家さん）が、「人のために使ったお金はそれ以上に返ってくるのよ」と教えてくださいました。この言葉は、本当でしょうか？

（決して、お返しを期待して、子どもたちにお金を送っているわけではないのですが、「そうだったらうれしいな」という気持ちはあります。）

（30代・女性・ライター）

Answer

あなたは素敵な人だよ。

成功するためにはね、人に対して親切にすることなの。自分が誰より親切にすること。そうすると親切な人が集まってくるの。同じ波動の人が寄ってくるんだよ。

それでね、気をつけなくてはいけないのは、人に親切にしてもらっても感謝しない人がいるんだよ。そういう人はつき合っちゃいけないの。つき合っちゃいけないという修行なんだ。

たとえ、家族や兄弟であってもね。感謝されないなら、離れるべき。あなたの兄夫婦が感謝してくれているならいいんだけど、もし感謝してくれないならつき合わないほうがいい。

Q21 亡くなった両親に感謝を伝えたい

父、母を亡くし、十分に介護ができなかったことを悔やんでいます。どのように両親への感謝の気持ちを伝えればいいのか、どうすれば死者に伝わるのか、その方法をお教えください。

（55歳・男性・作家）

Answer

あなたの気持ちはもう伝わっていますよ。思い出して、感謝するだけで、両親はわかってくれるものです。

それより「だんだん良くなる未来は明るい」という気持ちで生きること。それが最高の親孝行です。

Chapter

5

次の世代へ つなぐもの

「愛」を伝えること、
それだけだよ

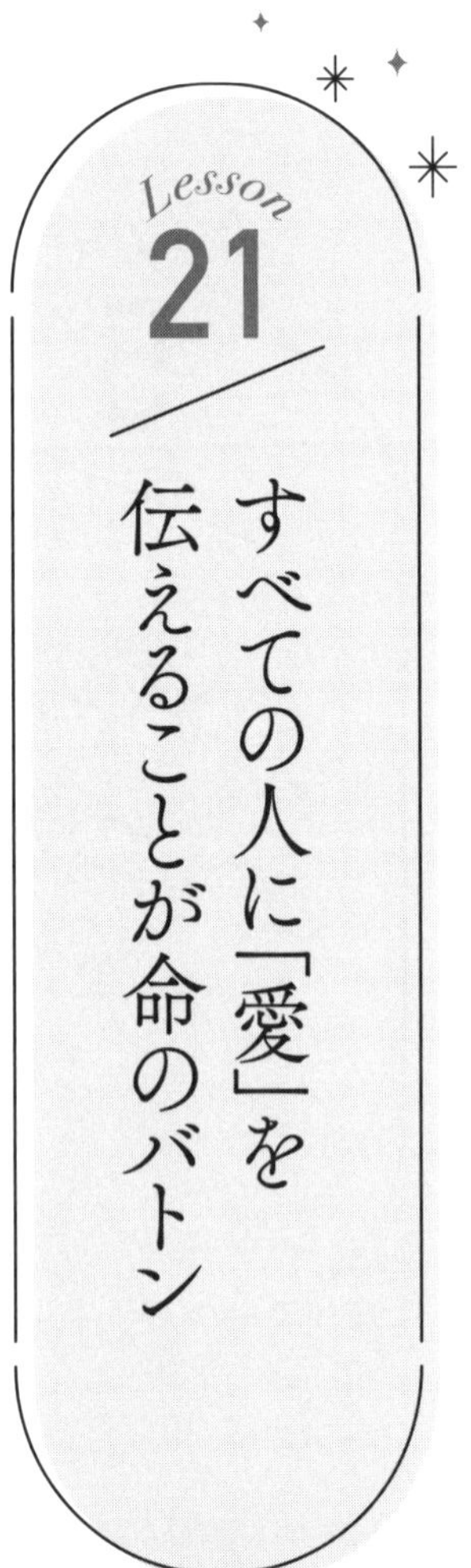

Lesson 21 すべての人に「愛」を伝えることが命のバトン

命というのは、次に引き継がれていくものだよね。

どうバトンを渡すか、何を引き渡すのか、地球に何を残すべきなのか、今私たちは問われているんだ。

命のバトンと言うと、子孫を残すとか、子どもたちを育てるとか思い浮かべる人もいるけど、それはほんの一部。たとえ、子どもがいなくても、孫がいなくても、兄弟や親せきがいなくても、バトンを渡すことはできるんだ。

では、次世代に何を渡せばいいのか？　一人さんはひとえに「愛」だと思っている。

出会う人すべてに、「笑顔のバトン」「ハッピーのバトン」を渡すことだよね。

あなたの笑顔は、周りの人も笑顔にするからね。家族でいるとき、友だちと会っているとき、ニコニコ笑っていることが大事だよ。

1人で道を歩くときだって、むすっと歩かないで楽しいことを考えて歩いてごらん。自然と笑顔になって、幸せな気持ちになるからね。

明るいオーラを出すための秘訣は、小さなことでも幸せを感じることなんだ。

「今日起きられて幸せ」「ご飯が食べられて幸せ」「仕事があって幸せ」って、今ある幸せに気づくことだよ。

日頃から、何気ないことに幸せを感じ、感謝していると、命って輝くんだ。大きな問題が起きたときに気づくのではなく、今気づいたほうが素敵だよね。そういう人を神様は応援してくれるんです。

幸せを感じるとね、人って明るいオーラが出てくるんだ。その人が近くにいると、パッと明るくなるんだ。笑顔で、明るい人が増えれば、それだけで世界は平和になるんだよ。

ただね、自分がハッピーじゃなくちゃ、笑顔も明るさも生み出せない。だから、自分を楽しませることだよ。

ちょっとパワーが足りないなら、美味しいものを食べるんだ。やりたいことがあるなら、挑戦してみる。好きな人に会いたいなら、自分から会ってみる。好きなことをしていると、自分への愛が増えていって、人への愛も自然に出せるようになるからね。

そして、一人さんは次世代の子どもたちに渡したい言葉があるの。それが「だんだん良くなる未来は明るい」という言葉なんだ。

この言葉を言うだけで、未来は大きく変わるの。詳しい話は、6章（202ｐ）で説明するけれど、今の自分を明るく照らし、地球の未来も良くする、今の時代に必要な言葉なんだ。

だから、つらくなったら「だんだん良くなる未来は明るい」

と声に出して言ってみるといい。だんだんと、未来が変わっていくよ。

魂が輝く言葉

67. 一人さんは「笑顔」「ハッピー」「愛」を次世代の人に渡したい
68. 小さな幸せに感謝することで、幸せは倍増する
69. 自分がハッピーでなければ、明るい笑顔は生み出せない
70. パワーが足りなくなったら、まずは美味しいものを食べる

Lesson 22

子どもの魂は、大人より上

魂の成長を繰り返して、何千回何万回も生まれ変わってくると、「命の法則」を理解して生まれてくる子どもが増えてくるんだ。地球には楽しむためにやって来ていることもわかっている。

戦後すぐと比べてごらん。今は家族の犠牲になったり、自分を殺して生きていく子どもは少なくなっただろ？　時代は変わったと言うけれど、生まれてくる子どもの意識が大きく変わってきているの。

自分の気持ちを大切にする子どもが多くなってきているんだ。

これからは、命令ばかりしてコントロールしようとする親には、反発する子どもが増えていく。そして、いずれはそんな未熟な親も減っていくんだよ。

親に反発することは、我がままなんかじゃないんだ。「そのままの自分」を大人によって変えられないように、反発しているだけ。

学校へ行かない子どもが増えているのも、行きたくない気持ちに正直な子どもが増えている証拠だよね。また、「行きたくないところへは、行かなくてもいい」という親も増えているの。

だんだん、親も子どもも意識が高くなっているんだよ。世の中、良くなってきているんです。

胎内記憶をもつ子どもたちの話では、最近は天の上もかなり自由になったらしい。

たとえば、今までは天の話や神様の話は、地球に来たら忘れるように忘れ薬を飲まされていたようなんだ。3歳過ぎたら、忘れる薬らしい。だけど、それも「覚えておきたいなら、飲まなくていいよ」って神様が言い出したんだって（笑）。

だから、3歳を過ぎても胎内記憶を話す子どもたちが多くなったんだ。

修行を重ね、命のしくみを知って生まれてきた子どもたちは、大人より、ずっと大人な考え方をもっているはずだよ。大人はそれを覚悟して、子どもと接したほうがいいよね。

子どもを子ども扱いせずに、どんなに小さくても、尊い存在として接すること。そして、天から授かった命として、大事に育みたいよね。

これは、親だけじゃない、周りの大人も、それを理解することなんです。そういう大人が多くなれば、子どもは生きやすくなるんだ。

親や周りの大人から大切にされて育った子どもは、どうなるかわかるかい？

自分のことを何よりも大切にできるようになるんだよ。自分が素晴らしい存在なんだとわかると、世界は変わるよ。

魂が輝く言葉

71. 今、生まれてくる子どもの意識が大きく変わってきている
72. 魂が成長した子どもは大人の考え方をもっている
73. どんなに小さい子どもでも尊い存在として接する
74. 大切に育てられた子どもは、自分を大切にできるようになる

Lesson 23

子どもは8歳までは甘やかしていい

命のバトンを渡すために、ちょっとだけ子育ての話をするね。

今、子育てをしているなら、8〜9歳くらいまでは甘々に甘やかしてあげてほしいんだ。この年代までに何を言われ、何を見て、何を思い、何を感じるかで、後の人生での性格が決まるそうなんだ。これを「クリティカルファクター」と言うの。

厳しく育てたほうが、強く生きると思っている人が多いけど、これは大きな間違いだ。ゆるい環境で、甘く育てたほうが強く生きるんだよ。
この時期に人格が決まるからこそ、子どもを束縛せず、ただただ愛して自由にさせてあげてほしいんだ。

好きなこと、興味のあることをいっぱいさせてあげる。そして、子どもがやりたいことを否定しないことだよね。

たとえば、「毎日、赤い服を着たい」って言われたら、着せてあげればいいんだ。「今日は、青にしな」とか言わずに、「赤がいいね」って言って着せてあげてください。

人間って飽きる生き物だから、赤に飽きたら他の色を選ぶようになるよ。

「これはダメ」「あれもダメ」って、親に言われると、自分の思い通りにはならないって、子どもは思うんだ

よ。「あれもやりな」「これもやりな」って、自由にさせてあげるんだ。

すると、自分は何でもできるんだとわかるようになる。それだけで世界が広がるんです。

それから、イヤなことは「イヤだ」って言える子どもがいいよね。イヤなのに我慢していると、爆発しちゃうか、人を恨むことになるんだよ。

「イヤなことはイヤだと、言っていいんだ」って教えてあげてください。それを知っていると、大人になってイヤな上司が出てきたとき、我慢せずにすむからね。

たとえば嫌みを言われたら、「その冗談はきついですよ。嫌みに聞こえちゃいますよ」って笑って言えるようになる。あまりにイヤな上司なら、会社を辞めるという選択もできるようになる。我慢して、我慢して、心が苦しくなることはなくなるからね。

子育ての話に戻るけど、存分に甘やかしたあとは、もう口は出さないこと。10歳くらいになると、自我が芽生えてくるから、この時期になったら見守ってあげるだけでいい。

いいかい、心配なんていらないの。信じることだよ。

子どもに注意するのは、命の危険を感じるときだけ。それと、一人さんは弱い者いじめが大嫌いだからね、もし子どもたちがいじめられたら、そのときは猛然と闘うよ。ここだけは口を出す。いじめは犯罪だからね。

それ以外は、親や大人は、子どもを見守ってあげるだけでいいんです。

「おまえのこと、信じてるからね」って、常に言っておくの。そうすれば、親を裏切るようなことはしないんだよ。

魂が輝く言葉

75. 8歳くらいまでは甘やかして「そのままの自分」を大切にしてあげる

76. イヤなことは「イヤだ」と言える環境にする

77. 信じて見守るだけで、素晴らしい子どもに育つ

Lesson 24

「お金の英才教育」は「ツイてる子」を育てる

大人は、子どもたちに、好きなこと楽しいことをいっぱいさせてあげる。それができたら、もう1つやってみてほしいことがあるんだ。それが、一人さん流「お金の英才教育」。

子どもにお金をあげるのって、毎月のおこづかいか、お手伝いをしたときくらいだろ？　お誕生日やお年玉に現金を渡すこともあるのかな。まぁ、決まったときしかお金は渡さないよね。

そこで、**〝何の脈絡もなく、突然大金をあげる〟**の。

大人で言う不労所得だね。

大金と言うと、小学生なら1万円くらい、高校生なら3万円くらいかな。記念日でもなんでもない日に、あげるんだよ。突然、大金をもらったら、子どもは、「なんで今日お金をくれるんだ?」と不思議に思うと同時に、「ツイてる」「ラッキー」って思うんです。そして「この家に生まれただけで、お金がもらえる!」って、脳が臨時収入を受け入れるようになるの。

人って、他の人に不労所得があると妬んじゃうものなんだ。特に、身近な人の幸せは悔しく思うものなの。遺産が入ったとか、宝くじが当たったとか、株で儲けた人の話を聞くと、「なんであの人だけ」って悔しく感じるもんなんです。

だけど、自分にも素敵な臨時収入があれば、人を恨むことはなく、「あの人にもいいことがあったんだ。でも、私にもいいことがある」って思えるんだよ。**自分がツイてると感じると、人のツイてることも喜べるようになる。**

だから、他人にいいことがあったときは、「よかったね！」って本人に言えるようになるといいんだ。他人のいいことに喜んで、「よかったね」が言えると、「私ももらう準備ができてますよ」っていうサインになる。神様は「では、準備しよう」って言って、あなたにもっと素晴らしいプレゼントを贈ってくれるからね。

お金に関係なく、身近な人にいいことがあったら、「よかったね」「素晴らしいね」「ツイてるね」って、言ってごらん。そうすれば、自分にも同じようにいいことがやってくるからね。ここまで子どもに伝えることが、一人さん流の「お金の英才教育」だ。

余談だけど、お金の英才教育は、子どもだけではなく、高齢者にも効き目があるみたいだよ。

この話を聞いて、一人さんのファンの人が、自分のおじいちゃんに1万円をあげてみたそうだ。「いつもおこづかいをくれてありがとう。お返しだからね」って、ポチ袋にお金を入れて渡したそうだ。すると、どうなったと思う？

今まで車いすでしか動けなかったおじいちゃんが、リハビリに通い始め、歩く練習を始めたんだ。そして、もらった1万円で買った素敵なシャツを着て、孫に歩いて会いに行ったんだって。

臨時収入は、元気を取り戻す源にもなるんだよね。

魂が輝く言葉

78. 一人さん流「お金の英才教育」は突然大金をあげること

79. 自分は「ツイてる」って思うと、人生は「ツイてる」に好転する

80. 身近な人にいいことがあったら、本人に「よかったね」と伝える

Lesson 25 好きなことを楽しむ姿を見せるのが親の役目

親の背中を見て子は育つと言うよね。どんな背中を見せたらいいかわかるかい？　がんばって仕事をしている姿でも、手作りのお菓子を一生懸命作る姿でもない。

一人さんは、「人生は楽しいよ」ということを、身をもって伝えることだと思うんだ。

何かあるごとに、「お前たちのためにこんなに働いているんだ」「毎日ご飯を作っているのは誰だと思っているの」って、子どもに言う親がいるだろ？

そんなことを言われると、働くのも、結婚するのも、大人になるのだってイヤになっちゃう。大人が「つらいつらい」って言っていると、これからの人生自体、暗くなっちゃうんだ。本当は、大人になると今よりもっと楽しいのに、もったいないよ。だから、「働くって楽しい」「お父さんはゴルフするのも楽しい」「お母さんだってお友だちとランチするのが楽しい」って、親の楽しむ姿を見せてあげればいいんです。

子どもにも好きなことをさせてあげるけど、大人も好きなことをして楽しいんだよって、見せてあげるの。親だって我慢しないで、好きなことやっていいんだよ。

引きこもりの子どもがいる親御さんって、子どもと一緒に家にこもって、卑屈になってても無理はないよね。本当は、子どもは親が家にいないほうが安心なんだよ。見張られているような気になっているからね。

だから、特にお母さんは、楽しいことをするの。家から出て、おしゃれしてケーキでも食べに行くんだよ。子どもと一緒にいるより、働きに出たほうがいい。子どものことを心配する時間が減るし、自由なお金も増えるからね。

お母さんが自由でいると、子どもも気がラクになるの。そこで、子どもも一歩踏み出すことができるんだよ。

一人さんは、この方法で引きこもりから脱出した子どもをたくさん見ている。だから、一度試してごらん。

子どものために我慢している姿を見せるより、親も楽しんでいる姿を見せたほうが断然いいんだよ。

「ダンスが好きなお母さんはキラキラしているな」「釣りに夢中なお父さんはかっこいいな」「仕事でがんばっている両親は素敵だな」って思われるよう、親は楽しく毎日を過ごしてください。イキイキした大人を見て、子どもは「素敵な大人になりたい」「やりたい仕事がしてみたい」「大人っていいな」って思うようになるんだ。

もちろん、子どもをないがしろにして、大人が勝手に好きなことをしていいというわけじゃないよ。衣食住のケアはしたうえで、子どもを見守ってあげればいいの。

とにかく、親や周りの大人が楽しそうにしていると、子どもは未来は明るいと確信できるんだ。

魂が輝く言葉

81. 子どもだけでなく親も自分を楽しませる
82. 親が自由にしていると子どもがラクになる
83. 楽しむ大人を見て、子どもは未来は明るいと信じることができる

Q22 中2の息子のおねしょ

中学2年の息子のことです。実は、おねしょがいまだに治りません。病院にも通っています。身体的、心的なこともいろいろ考え、そういう原因もあるとは思います。

突飛なことをお聞きします。なにか神的なことはあるのでしょうか？　母親の希望的な見方です。「神様のお計らいなんだからと受け止められたらいいなぁ」と思っているのですが。

（40代・女性・主婦）

Answer

お母さんが、「だんだん良くなる未来は明るい」を口ぐせにしてごらん。

1日に100回でも千回でも言うことだね。

明るく考えることだよ。

おねしょするからって、死んじゃうわけじゃない。最悪、そのままでもいいよ。だんだん良くなるんだよ。気にすることないんだよ。


信じて、見守ってあげればいいの。

今、大人の紙おむつもいいのがあるから、使ったらいいよね。

おねしょが治っても治らなくても大丈夫。

「だんだん良くなる未来は明るい」なんだから。

Q23 すぐ怒る子ども

5歳の子どもがいます。お絵描きでも、お手伝いでも、楽器でも、自分の思いどおりにできないと悔しくて怒っています。小さいし、練習している途中だし、できなくて当たり前なのに怒るのです。

「気が強い子だなぁ」と、気持ちが鎮まるまで待つのがよいのか。「怒るようなことじゃないよ。できなくていいんだよ」となだめるのがよいのか。「面白い子だね。真剣に取り組んでえらいね」と褒めるのがよいのか。

よい声かけはありますか？　今のところ、好きなアニメキャラなどで気をそらすのが一番手っ取り早いです。

（30代・女性・美容師）

Answer

「だんだん良くなる未来は明るい」をお母さんが口ぐせにして、子どもに教えてあげてな。

それから、悔しがるって有望だよ。この子は、あきらめない心をもっているんだよ。

将棋の藤井聡太さんだって、子どもの頃は負けると泣いて悔しがっていたという話だよ。

アニメキャラで気をそらすのはいいね。

ただ、押さえつけないことなんだ。放っておいていいんだよ。

そのままで子どもは大丈夫。悩むような問題じゃないんだよ。

Q24

「類は友を呼ぶ」とは？

魂の成長にともなう人間関係についてお聞きしたいです。「類は友を呼ぶ」で、波動が同じくらいの人と一緒にいるとのこと。

自分が変われば、自然に相手も変わってくるのでしょうか？　それとも周りの人間関係が気づくと入れ替わっているのでしょうか？

（30代・男性・会社員）

Answer

だいたい、自分が変われば、相手も変わるよ。

どうせ変わるなら、「未来が良くなる」と思って自分が変わることだよ。

自分が親切にすると、親切な人が周りに集まってくる。

ただ、親切にしたとしても感謝をしない人とはつき合ってはいけない。離れたほうがいい。すると自然と周りの人間関係も入れ替わって、いい人が増えるんだよ。

1　自分でつき合う人を変えていく
2　勝手に周りがいなくなっていく（転勤などで）
3　人が変わっていく

この3パターンがあるよね。
いずれにしても、未来が明るいと考えている人じゃないといい変化は起こりません。

Q 25 子ども中心の生活に疲れた

子育てをしている中で、自分を花マルの母親として受け入れることができません。子どものことを「うるさいなぁ」と思いますし、もっと自分の時間が欲しいし、自分の好きなことはまったくできないし、好きなものも食べられないし、好きなおしゃれもできない。何か子ども中心の生活を喜べずにいます。どうしたら、母親としての自分を受け入れられるでしょうか？

（20代・女性・栄養士）

Answer

あなたは十分にやってるよ。あんまり自分に厳しくしちゃダメだよ。

ただ、こういう母親って、子どもが100点取ると、大喜びするんだよ。60点とか40点とか取るとしょんぼりするんだ。一人さんなんか、5点とか10点とか取ってたよ。それでも幸せに生きてたよ。今も幸せなんだよ。

完璧な母親になろうと思うと、完璧な子どもを育てようとするの。

オレなんか子どもが100点なんか取ってきたら「無理するな、やめなよ」って言うよ。満点取るのって大変なんだよ。そんな大変な思い、子どもにさせたくないよ。

そして、悩んでいないで、あなたも自分を大切にして、やれる中で、好きなことをやることだよね。今世の設定で、あなたとして生きるのは、今回限り。楽しく生きることだよ。

Q26 父の延命治療に後悔

私は父が脳梗塞で倒れた際に、よくわからないまま気管切開や胃ろうの造設にサインしてしまいました。その後、目は開いているけれど、私たちの言葉には反応しない父を見て、「これでよかったのか」という思いが消えません。
延命治療で「命の時間」を長らえることを、どう思われますか？

（50代・男性・飲食店）

Answer

どちらがいいかは誰にもわからないんだ。
ただ、お父さんは、そういう運命だったんだよ。中には、生きているだけでうれしいという家族もいるはずだ。

あなたができることは、イヤなら自分は延命治療をやらないことだね。お父さんのことで後悔しているのなら、自分はやらないこと。

自分のときには、「延命治療をしないでくれ」って、家族や医者や周りの人に言っておくんだね。

Chapter

6

あなたの人生は最高にうまくいく

「だんだん良くなる
未来は明るい」

Lesson 26

「だんだん良くなる未来は明るい」ですべてうまくいく

新型コロナウイルス感染症の流行も終息が見えてきて、明るい兆しがあるのに、なぜか希望をもてない人が多いよね。

いいかい、世の中はだんだん良くなっているんだ。暮らしやすくなり、豊かになり、楽しいことが増えているの。それに気づいて、明るい未来を信じることが大事なんだ。

江戸時代には火事があっても、消防車が来ることはなかったよね。火消しがやってきて、火事の家だけでなく周りの家も壊して鎮火させたんだ。明治時代には、洗濯機なんてなくて、手で洗って洗濯していたんだよ。昭和の初期はクーラーはないから、うちわと打ち水で暑さをしのいでいたしね。

歴史を見てみると、世の中だんだん良くなっている。便利で快適になっているんです。

特に日本は、恵まれた国だよね。こんなに豊かになり、便利になっているのに、なぜ、みんな今を悲観しているんだろう？

今、不安に感じている、つらい思いをしているなら、この言葉を口にしてほしいんだ。**「だんだん良くなる未来は明るい」。**この言葉を口に出して1日10回でもいい、苦しいときなら100回でも言ってみることだ。

すぐに、明るくならなくても大丈夫。「だんだん」でいいんだよ。言っているうちに少しずつ、明るいほうへ近づいていけばいいんだ。

電話だって、すぐにスマホになったワケじゃない。段階を経て、よりよく変化しているんだ。人も同じだよ。少しずつ上を目指せばいいの。

ただね、もう十分に幸せな人たちもいるはず。一人さんも、一人さんの周りも、本当に豊かに幸せに生きている。でも、ここで満足しちゃいけない。もっともっと未来は明るくなるって信じるの。もう十分に幸せな人も「だんだん良くなる未来は明るい」ってさらに言うんだよ。

いいかい、一度大きな幸せを手にすると、次は悪いことが起きちゃうんじゃないかって考える人がいるんだよ。「人生は振り子のようにいいことと悪いことが交互に起きる」ってね。そんな言葉は、信じなくていいの。

いいことのあとには、さらにいいことが起きる、もっといいことが起きるって思ってごらん。未来はどんどん明るくなるんだよ。

地球温暖化だとか、大気汚染とか、海洋汚染とか言われているけど、こうした問題だって、何とか改善しようと、がんばっている人がいるんだよ。

自然に感謝して、地球に感謝して「だんだん良くなる未来は明るい」って言うんだよ。言霊の力で本当にいい方向に向かうからね。

✦魂が輝く言葉

84. 歴史を見ても世の中だんだん便利で快適になっている

85. どんなことがあっても、明るい未来を信じることが大事

86. 「だんだん良くなる未来は明るい」を口ぐせにするといい

87. 今が幸せなら「さらにもっと幸せになれる」と思うこと

Lesson 27

いい口ぐせをもつことで人生が変わる

「だんだん良くなる未来は明るい」という言葉もそうだけど、愛のある言葉を使えば、同じような愛のある素晴らしい出来事が起きるようになっているんだ。

愛のある言葉を聞くと、脳がそれを受けて、その言葉通りに実現しようとする習性があるの。特に日本語は、音の影響が大きいんだよ。

それに自分が話す言葉って、何より自分が一番聞いているだろ？　しかも、一番大きな音で聞いているんだよ。自分の話す言葉は、自分の耳が一番大きな音でキャッチしちゃうの。**だからこそ、いい言葉、愛のある言葉を口ぐせにしなくちゃいけないいんだ。**

明るくて、行動したくなるような、いい口ぐせをもっていれば、言葉の力に引っ張られて、いい方向へ向かう。逆に、不満や人の悪口ばかりを言っていると、悪い運気を引き寄せて、幸せにはなれないいんだ。

言葉を味方にするか、敵にするかで、人生って、大きく変わるんだよ。

言葉の力を伝えたくてね、一人さんは、お弟子さんたちに、使ってほしい言葉、言ってはいけない言葉を教えたんだ。それが「天国言葉」「地獄言葉」（211ｐ）なんだ。

この口ぐせを自分のものにしたお弟子さんたちは、１人残らず成功し、お金も心も豊かになっている。**「天国言葉」を言うことで幸せを引き寄せ、「地獄言葉」を言わないことで不幸を遠ざけるんだ。**

他人には気をつけていても、どうしても家族や身近な人には地獄言葉を言いがちなんだよね。だからまずは、自分と家族に対して、「ありがとう」「感謝してます」「愛してる」など、相手がうれしくなるような天国言葉を話すよう心がけてみてください。

この他にも、自分も他人も元気になる口ぐせはたくさんある。

がんばってがんばって自分を苦しめてる人には「いつも、がんばっているね」「大丈夫だよ」「なんとかなる」。

何をしてもうまくいかず、八方塞がりになっているときは、「イヤなら逃げていいんだよ」「一度ゆっくり休みな」。

とてもつらい思いをしたあとは、「このことがダイヤモンドに変わるからね」。

また、重い荷物を背負っている場合は「ふわふわ」って言って、気持ちを軽くするといいんだ。

こうして言葉の魔法をいっぱい使って、自分も周りの人も明るいほうへ引き上げることだよね。

~天国言葉~

愛してます　ツイてる

うれしい　楽しい

感謝してます　幸せ

ありがとう　許します

~地獄言葉~

恐れている　ツイてない

不平・不満　グチ・泣き言

悪口・文句　心配事

許せない

魂が輝く言葉

88. 言葉を味方にするか、敵にするかで、人生って、大きく変わる

89. 「天国言葉」を常に使い、「地獄言葉」は決して言わない

90. いい言葉を口ぐせにして、明るいほうへ自分を引き上げる

Lesson 28

人がやらないことをやってみると成功するよ

今、「成功したい」「うまくいきたい」と思うなら、いい方法がある。それはね、人があまりやらないことをやってみることなの。今すぐに始められる3つの方法を教えるから、できることからやってみるといいよ。

1つ目は、人を褒めること。

意外と、人を褒めるって難しいんです。だから、日頃から訓練はしたほうがいいよ。まずは口に出すことだね。

人に会ったら「そのシャツ、素敵ですね」「今日の髪型、可愛いね」「いつもお仕事、がんばっているね」って、相手がうれしくなるような言葉をかけることだよね。

特に、家族やパートナーに対しては日本人は照れちゃう傾向があるよね。日頃から「ありがとう」とか「うれしい」とか「これ美味しいね」とか言うといいよ。天国言葉（211ｐ）もいっぱい使うといい。これだけで、関係が良くなるんだよ。言葉に出すのは、タダなんだからね（笑）。

２つ目は、本を読むこと。

今、この本を読んでいるということは、それだけで素晴らしい！　だから、もうあなたは成功に向かっていると思うよ。

本って1冊で、講演会3回分の量の情報が入っていると言われているんだ。そう考えると、本の値段って格安だろ？　たくさんの分野の本が読めないなら、気になる本、好きな本だけでもいいんだよ。1つでもあなたの琴線に触れるものがあれば、それでいいの。

そして、気に入った本は、何回も繰り返して読むといい。何回も読むと、内容が頭に入って、人にも上手に伝えられるようになるからね。

とにかく今は、本を読む人がかなり少ない（笑）。だから、他の人より一歩上をいくチャンスなんだ。

3つ目は、キレイを心がけること。

神様って、とにかくキレイなものが好きなの。だから、キレイに敏感になると、運が良くなるんだよ。

部屋をキレイにする、自分をキレイにする、心をキレイにする。キレイな絵を見たり、キレイな場所を訪れたり、キレイな音楽を聴くことでもいい。キレイを意識すると、感覚も神様に似てくるからね。

特に、自分が好きになれない、自己肯定感が低いという人は、自分をキレイにするといいんだ。髪型を変えて、服もおしゃれに着こなして、肌に艶を出して、見た目を良くしていくと、自分の気持ちも晴れやかに変わってくるんだ。

キレイを意識して行動すると、心まで変わるもんだよ。道端に落ちているゴミだって気になって、拾いたくなるんだ。こうやって、人が嫌がることもできるようになる。そういう人に神様は味方してくれるからね。

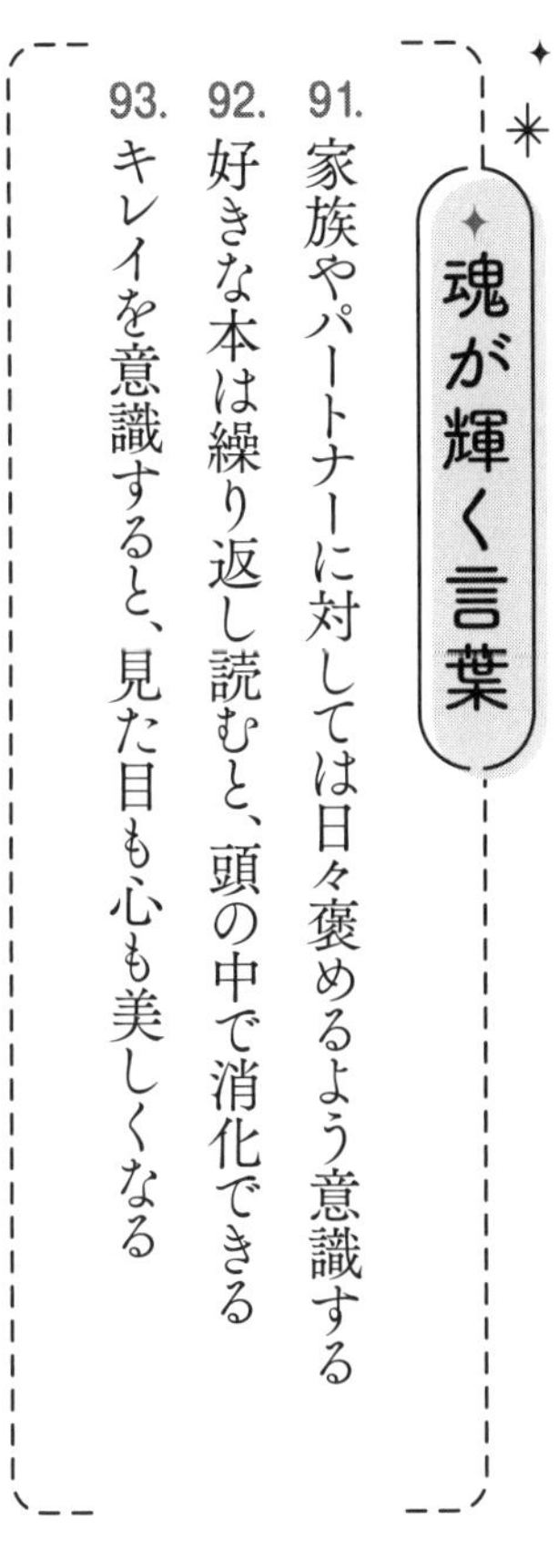

魂が輝く言葉

91. 家族やパートナーに対しては日々褒めるよう意識する
92. 好きな本は繰り返し読むと、頭の中で消化できる
93. キレイを意識すると、見た目も心も美しくなる

Lesson

29

我慢しない生き方を選択しな

魂の修行と言うと、苦しんで我慢して、悟りをやっと手に入れるようなイメージかもしれないけど、そんなことはないんだ。イヤだな、これは無理だなって、思ったら我慢しなくていいんだよ。

よく「会社にイヤな上司がいて辞めたい」っていう相談を受けるけど、本来なら辞めたくなったら辞めたほうがいいの。

一人さんなんか、会社に入った時点でここは自分の居る場所かそうじゃないかがわかるよ。イヤな空気を感じたら、2秒で辞めるね（笑）。それくらい、イヤな場所にはいられないんだ。

イヤなら逃げていいと思っている。

我慢しないで成功する、これが一人さん流の美学なんだよ。

ただね、これがすべての人にあてはまらないこともあるんだ。我慢しているほうがラクだって人もいるんだよ。こういう人は、「我慢する」という修行のために生まれてきた人だよね。今世は、我慢し続けるというのも1つの生き方なんだ。一人さんは無理だけど、そういう人もいるの。

過去には、我慢に我慢を重ねてきた先人がいるんだ。

簡単に食べ物が手に入らない時代、遠くに住む家族と簡単には連絡が取り合えない時代、戦争のときなんて上からの命令には逆らえない時代もあったよね。

昔の人は、我慢しなくちゃ、生き延びられなかったんだよ。今は、こういう先人の犠牲の上に、快適な生活、そして自由が得られているんだ。そして、コロナ禍を経て、さらに我慢しなくても生きていける時代がやってきたの。

「いつまで、我慢しているんですか？」って言いたいね。一人さんのように我慢しないで、うまくいっている人がいる。これは、まぎれもない事実なんだ。

一人さんは、我慢しない代わりに、違う道を選ぶようにしている。我慢しない道をいろいろ見つけて、楽

しい方法を探しだすんだ。

嫌みな上司がいるなら、言われたときにすぐ「〇〇さんって冗談きついですね」ってさらっとさわやかに言い返すとかね。

言われても、聞こえないふりをするという手もあるね。

あの手この手を使って、上司に嫌みを言われないように工夫してみる。

できるだけ、相手も自分も楽しめるように考えるの。

ただ、本当にイヤなら、我慢しないでイヤな人からは逃げるけどね。

イヤなことはしないと決めると、人生はラクになるんだ。

楽しいこと、好きなことをすると、人生って輝くからね。

いいかい、人生で何か選択肢があるときは、「楽しくて明るいほう」を選ぶんだよ。これが成功のコツだからね。

魂が輝く言葉

94.「我慢しないで成功する」というのが一人さんの美学
95. 我慢したほうがラクという人は、我慢し続けてもいい
96. 自分の行く道に迷ったら「楽しくて明るいほう」を選ぶ

Lesson 30

今世の魅力は決してなくならない

「魂の成長って、他人から見てもわかるんですか？」って聞かれたけど、「この人、成長しているな」って、一人さんならすぐわかるよ。どう見分けるかと言うと、その人の機嫌がいいかどうかなんだ。

これまでイライラしたり、怒ったり、グチを言ったりするのが常だった人が、あるときから急に機嫌がよくなって、笑顔が自然に出るようになるんだ。これは、

魂が1つ成長した証拠なんだ。

これは自分自身にあてはめても同じだよ。何があってもプラスに考えて、機嫌よくできるようになれば、魂が成長しているサインなんだ。

雨が降ったら、「うっとうしいな」と思っていたことが、「恵みの雨だな」って思えるようになるの。

ころんで怪我をしても、「ツイてないな」ではなく、「このくらいの怪我でよかった。大怪我しなくて助かった」って思うことができるんだ。

つまりイヤなことを上手に、明るいほうへ変換できる。こうやって、機嫌よくしていると、なんでもうまくいくようになるんだよ。

また、魂が成長すると、多くの人に愛されるよね。「また会いたい」と思えるような、魅力的な人になれるんだ。

この魅力的な人も、時代によって変わっていくの。


古い時代には、諸葛亮（孔明）とか豊臣秀吉とか、少し前の時代には、松下幸之助とか、志をもって人を引っ張っていくような、強い意志のある人が魅力的だった。

でも、今は違うよ。考え方に柔軟性があって、優しくて、好きなことがいっぱいあって、愛にあふれている人。そういう人が魅力的なの。

一人さんも、そういう人でありたいと思っている。おかげさまで、多くのファンのみなさんに支えられているしね。

魅力って、一度身につけてしまえば何があっても、なくならないものなんだよ。天変地異が起こったとしても、肉体がなくなって天に戻ったとしても、決してなくならない。それくらい、尊いものなんだ。

何千回何万回も生まれ変わっても、今世、身につけた魅力はなくならない。それを受け継いで、次に生まれることになる。

一人さんはそれを知っているから、自分にも人にも優しくしているんだよ。愛ある言葉を話し、愛ある笑顔でいる。次にこの世に来るときも、その宝をもって生まれてくるのだからね。

いつも機嫌よくいること、人にも自分にも優しいこと、すべての人にハッピーを伝えること、そういう**キラキラした「愛」の存在は、この世でもあの世でも最上の徳なんだよ。**

魂が輝く言葉

97. 魂が成長すると、日頃の機嫌が良くなる
98. 愛にあふれた人になれば、魅力的になれる
99. 来世、生まれてくるときも今ある魅力は受け継がれる
100. 愛ある言葉と愛ある笑顔は、来世にもっていける宝となる

Q27 新しいことへの挑戦

ある著名な方の話で、「神様は、どれだけ初めてのこと、新しいことに挑戦したかを見ているんだよ」と言っているのを聞いたことがあります。「行ったことのない道へ行ってみよう」「使ったことのない熟語を使ってみよう」など、なんでも良いそうです。

それ以来、ほんの小さな初体験で毎日が楽しくなりました。

「人生を楽しむ」という一人さんのお考えに通ずるなとも思いました。

一人さんは「新しいことへの挑戦」はお好きですか？　今、挑戦していらっしゃることがあれば教えていただきたいです。

（40代・男性・芸人）

Answer

オレは、「だんだん良くなる未来は明るい」しかないいんだよ。初めてとか、何度目とか関係なく、楽しいことをすることだよね。

あなたが新しい挑戦が楽しいなら、あなたにすごく合っているんだと思うよ。

新しいことへの挑戦も、今までやってきたことをコツコツすることも「未来が明るい」って思ってやっていることなら、すべてOKなんだ。

未来が明るいこと以上のことはないから、それが答えだね。

それとね、一人さんは今、新しい恋に挑戦しているよ（笑）。

Q28 キレやすい夫

私の夫はとにかくキレやすく、1日に何度も怒鳴られます。夫への不満が爆発しそうでしたが、夫の性格は直らないと諦めました。そこで怒鳴り散らす夫を面白がれるようになりたいと思っています。どんな発想の転換があるでしょうか?

（30代・女性・介護士）

Answer

面白い方法を教えてあげるよ。

まず、あなたが「似たもの夫婦って言葉、知ってる?」って、旦那に言ってごらん。

そして、そのあとに、「キレやすいのは、あなただけじゃないんだよ」って言うんだ。
このセリフが一番笑えるよ。
それを言っただけで、周りも楽しくなるよ。面白がることだよ。
あとは、脅すでも、キレるでもしていいよ。

旦那は、あなたが黙っているからキレるの。キレられたらまずい相手にはやってないんだから。旦那がキレたら、あなたが始末に負えないくらい激しくキレてごらん（笑）。こいつがキレたら、大変なことになるって思われるくらいね。

今回の人生の設定は今回だけ。我慢するもよし、キレるのもよし、別れるのもよし。あなたの好きなように生きてください。

Q29 悪いことは魂レベルが上がるサイン？

魂レベルが上がるとき、どんなことが、起きるのでしょうか？

一見、悪いと思えるようなことが起きると聞いたことがあります。物が壊れたり、人間関係できつい修行があったり。

ただ、実際、それが起きると、ただただ、びっくりしてしまいそうです。もっと変化を安心して受け止めたいです。

悪いことが起きたとき、どうしたらいいでしょうか？　魂レベルが上がるときと捉えていいのでしょうか？

（50代・女性・学校職員）

Answer

どんな変化が起きても、未来は明るいんです。答えはそれなんです。

魂レベルが上がるときに、何か起こることもあるし、特に起こらないときもある。いずれにしても、「未来は明るい」と思えば、魂レベルは上がります。

大きなことが起きたときは、大きな飛躍だと思っていいよ。

一人さんの場合、たとえ厄年が来ても飛躍の年だと捉えてるの。

だって、「だんだん良くなる」としか、思えないからね。

Q30 性的マイノリティーな自分

私はいわゆるトランスジェンダーで、体は男性ですが心は女性です。以前、同性カップルに対して「生産性がない」という発言があり、その言葉にかなりショックを受けましたが、私にも、みなさまへお伝えできることはあるはず。性的マイノリティーだからこそ、生産できることはあると思っています。一人さんはどのように考えられますか？

（40代・飲食店勤務）

Answer

「生産性がない」って発言した人に『「生産性がない」』って何？今の言葉をもう1回言ってみな！」って言ってやりなよ。余計なお世話なんだよ。言われたら、すぐ言い返すんだよ。やられたら、やり返すんだよ。目には目を、歯には歯を。倍返しだよ。いや千倍返しだ。

言い返してもぜんぜん申し訳なくなんてないいんだよ。意地悪に対して、正しさで返す必要はないんだ。ともかく、言われたら言い返すの。

怒っていいんだよ。

「今の言葉をもう1回言ってみな！」ってすごみを利かせて言えばいいの（笑）。

楽しいよ。

Q31 今の自分が大好き

私は、今世の環境や立場、容姿、家族、すべてに満足を感じています。特にお金持ちでもなく、名誉があるわけでもないですが、今の自分が大好きです。もう生まれ変わらなくてもいいと思うのですが、そんな私でも生まれ変わることになるのでしょうか？地球に戻りたくないと言えば、神様は納得して、天にとどまらせてくれるのでしょうか？

（60歳・女性・デザイナー）

Answer

死んでから、神様に相談してみるといいよ。「わかったよ」って聞いてくれるかもしれない。

「また生まれなきゃダメだよ」って言われるかもしれない。「また生まれたい」って言っても、「もうダメだ」って言われて、違う星に行かされてしまうこともあるんだよ。

今の感覚で「もう地球は十分楽しんだ」と思っていても、死んでからは違う感覚になるかもしれないしね。

人は何万回も生まれ変わって、いろいろな経験をする。そのことをあなたの魂は楽しんでいるからね。

とにかく、「今が幸せ」っていうのは一番いいんだよ。

おわりに

最後までこの本を読んでくれて、ありがとう。

この本では私が知っている「魂のしくみ」をわかりやすく、説明しています。

一番伝えたいのは、「何千回何万回と生まれ変わる」こと。

何万回も生まれ変わる間に、魂はたくさんの経験をして、成長していくんだ。

今は、その成長の最中。だから、完璧な人生を目指さなくても大丈夫。

次の魂でも続きを生きられるからね。

ただ、この肉体でこの環境で生きるのは、1回だから、それを存分に楽しむことも大事なんだ。

自分を大事にして、愛して、自分の好きなことを素直にやること。

楽しいことをいっぱいやって、そのうえで人にも親切にすること。

それができれば、天に戻ったとき「がんばったね」って神様が◯（マル）をくれるの。

天に戻れば、愛した人や懐かしい人にも会える。死ぬことは悲しいことじゃない、つらいことでもない。

それをわかって、今を思いっきり楽しく生きること
なんだ。

未来は明るい！　来世も、その次の世も明るいんだ。
そう思って生きると、今の人生がさらに輝くんだ。

愛を込めて　　斎藤一人

一人さんとお弟子さんたちのブログのご紹介

斎藤一人オフィシャルブログ

https://ameblo.jp/saitou-hitori-official

一人さんが毎日「愛」や「ハッピー」であふれる言葉を載せています。

お弟子さんたちのブログ

一人さんのお弟子さんたちのブログやインスタグラム、YouTubeなどをご紹介します。

柴村恵美子さん

ブログ　http://ameblo.jp/tuiteru-emiko/
ホームページ　https://emikoshibamura.ai/

舛岡はなゑさん

公式ブログ　https://masuokahanae.com/
インスタグラム　https://www.instagram.com/masuoka_hanae
YouTube　https://www.youtube.com/c/ますおかはなゑ4900

みっちゃん先生

ブログ　https://ameblo.jp/genbu-m4900
インスタグラム　https://www.instagram.com/mitsuchiyan_4900/

宮本真由美さん

ブログ　http://ameblo.jp/mm4900/

千葉純一さん

ブログ　http://ameblo.jp/chiba4900/

宇野信行さん

ブログ　http://ameblo.jp/nobuyuki4499/

尾形幸弘さん

ブログ　http://ameblo.jp/mukarayu-ogata/

著者略歴

斎藤一人（さいとう・ひとり）

東京生まれ。実業家・著述家。ダイエット食品「スリムドカン」などのヒット商品で知られる化粧品・健康食品会社「銀座まるかん」の創設者。1993年以来、全国高額納税者番付12年間連続6位以内にランクインし、2003年には累計納税額で日本一になる。土地売買や株式公開などによる高額納税者が多い中、事業所得だけで多額の納税をしている人物として注目を集めた。高額納税者の発表が取りやめになった今でも、着実に業績を上げている。また、著述家としても「心の楽しさと経済的豊かさを両立させる」ための本を多数出版している。『斎藤一人 本質　今だから語りたい、いちばん大事なこと』（KADOKAWA）、『斎藤一人　今はひとりでも、絶対だいじょうぶ』（PHP研究所）、『斎藤一人 新・一日一語 三六六のメッセージ』（ぴあ）、『仕事と人生』（SBクリエイティブ）など、著書多数。

この世が最高に楽しくなる あの世のレッスン

2023年12月8日　初版第1刷発行

著　　者　斎藤一人
発 行 者　小川 淳
発 行 所　SBクリエイティブ株式会社
〒106-0032　東京都港区六本木2-4-5
電話：03-5549-1201（営業部）

ブックデザイン　原田恵都子（Harada＋Harada）
D　T　P　株式会社キャップス
取材・構成　相川未佳
編集協力　舛岡はなゑ
編集担当　美野晴代
校　　正　鷗来堂
印刷・製本　株式会社シナノ パブリッシング プレス

本書をお読みになったご意見・ご感想を
下記URL、またはQRコードよりお寄せください。

https://isbn2.sbcr.jp/19442/

ISBN978-4-8156-1944-2